2016年度教育部人文社会科学研究规划基金项目"学习科学视域下教学设计理论发展研究——促进高阶能力的学习环境设计"（16YJA880033）成果之一

当代前沿教学设计译丛[第二辑] 主编/盛群力 刘徽　　梦山书系

T
he understanding by design:
guide to creating high-quality units

理解为先模式
单元教学设计指南（一）

［美］格兰特·威金斯　杰伊·麦克泰　著
盛群力　沈祖芸　柳丰　吴新静　郑丹丹　译

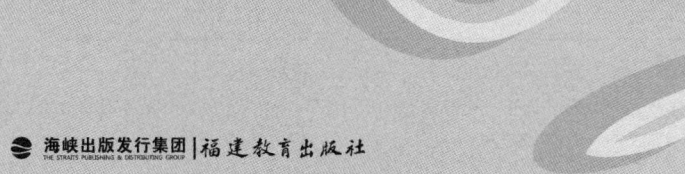

海峡出版发行集团｜福建教育出版社

图书在版编目（CIP）数据

　　理解为先模式：单元教学设计指南．一／（美）格兰特·威金斯，（美）杰伊·麦克泰著；盛群力等译．
—福州：福建教育出版社，2018.1（2024.10重印）
　（当代前沿教学设计译丛／盛群力，刘徽主编；第二辑）
　ISBN 978-7-5334-7873-5

　Ⅰ．①理⋯　Ⅱ．①格⋯　②杰⋯　③盛⋯　Ⅲ．①教学设计—指南　Ⅳ．①G42-62

　　中国版本图书馆CIP数据核字（2017）第234559号

　　Translated and published by Fujian Education Press with permission from ASCD. This translated work is based on *Understanding by Design：Guide to Creating High-Quality Units* by McTighe, Jay and Grant Wiggins. © 2011ASCD. All Rights Reserved. ASCD is not affiliated with Fujian Education Press or responsible for the quality of this translated work.
　　Translated and published by Fujian Education Press with permission from ASCD. This translated work is based on *Solving 25 Problems in Unit Design：How do I Refine My Units to Enhance Student Learning* by McTighe, Jay and Grant Wiggins. © 2015 ASCD. All Rights Reserved. ASCD is not affiliated with Fujian Education Press or responsible for the quality of this translated work.

当代前沿教学设计译丛（第二辑）
盛群力　刘徽　主编

Lijie Weixian Moshi——Danyuan Jiaoxue Sheji Zhinan（Yi）

理解为先模式——单元教学设计指南（一）

［美］格兰特·威金斯　杰伊·麦克泰　著
盛群力　沈祖芸　柳丰　吴新静　郑丹丹　译

出版发行	福建教育出版社
	（福州市梦山路27号　邮编：350025　网址：www.fep.com.cn）
	编辑部电话：0591-83727542
	发行部电话：0591-83721876　87115073　010-62024258）
出 版 人	江金辉
印　　刷	福建省地质印刷厂
	（福州市金山工业区　邮编：350011）
开　　本	710毫米×1000毫米　1/16
印　　张	11.75
字　　数	197千字
插　　页	1
版　　次	2018年1月第1版　2024年10月第17次印刷
书　　号	ISBN 978-7-5334-7873-5
定　　价	33.00元

如发现本书印装质量问题，请向本社出版科（电话：0591-83726019）调换。

目 录

图表目录 \ 1

单元教学设计指南 \ 1
引言 \ 3
模块 1：理解为先模式基本思想 \ 5
 理解乃教育目的 \ 6
 什么是理解 \ 8
 优质设计即"逆向"设计 \ 9
 避免单元规划中的两大典型误区 \ 11
 反思优秀的学习设计 \ 12
 设计标准 \ 14
 参考文献 \ 15
模块 2：理解为先模式模板 \ 17
 阶段一：明确预期学习结果 \ 23
 标准和其他既定目标 \ 26
 阶段二：确定恰当评估办法 \ 28
 阶段三：规划相关教学过程 \ 30
 设计标准 \ 31
 理解为先模式应用前后对比案例 \ 32
 案例单元 \ 37
 参考文献 \ 37
模块 3：从哪里开始设计 \ 38
 结果 Vs. 过程 \ 39
 设计定位 \ 40
 参考文献 \ 45
模块 4：开发初步的单元草稿 \ 47
 阶段一——预期结果是什么 \ 49

预期的技能结果 \ 51

长期的理解性目标如何影响短期的内容教学和评估 \ 52

询问目的的问题 \ 52

阶段二——什么样的证据可以证明达到了单元目标 \ 53

理解=自我提示 \ 54

评估=可靠的证据,而不只是形式 \ 55

阶段三——基于目标和证据,如何实现这些结果 \ 57

逆向设计的一致性:"两个问题"测试 \ 59

自我评估——回顾模块4的标准 \ 61

参考文献 \ 62

模块5:不同类型的学习目标 \ 63

阶段一——预期学习结果 \ 64

阶段二和阶段三有哪些相应内容 \ 66

真正理解与貌似理解 \ 67

迁移:是与不是 \ 72

自我评估——回顾模块5的标准 \ 74

重温营养单元 \ 75

参考文献 \ 76

模块6:基本问题与理解 \ 77

核心观点与模板 \ 80

基本问题 \ 80

非基本(但对教师很重要的)问题 \ 83

目的重于形式 \ 84

基本问题与小学生 \ 86

基本问题与教授技能 \ 87

理解框架 \ 91

理解与老生常谈 \ 93

理解与技能 \ 94

自我评估——回顾模块6的标准 \ 96

完善营养单元 \ 96

参考文献 \ 98

模块 7：确定理解的证据和开发评估任务 \ 99

 理解的证据 \ 100

 对迁移作出评估 \ 102

 理解的六个维度 \ 103

 运用六个维度 \ 104

 误区提示 \ 110

 为迁移而教意味着为熟练而评估 \ 111

 教材评估 \ 111

 自我评估——回顾模块 7 的标准 \ 111

 营养单元的再改进 \ 112

 参考文献 \ 113

模块 8：为理解而学 \ 114

 编码学习计划 \ 118

 走向理解 \ 119

 通过挑战性质疑来促成理解 \ 121

 技能教学和为理解而教 \ 123

 学会迁移 \ 125

 教科书的角色 \ 128

 提示学生运用 A-M-T 的必要性 \ 128

 自我评估——回顾模块 8 的标准 \ 129

 营养单元的回顾 \ 129

 参考文献 \ 131

结束语 \ 133

走出单元设计的 25 个误区——精炼单元设计　改善学习效果 \ 135

引言 \ 137

阶段一　设计单元目标的误区 \ 138

 误区 1　课堂活动目标不明确 \ 138

 误区 2　片面强调知识覆盖面 \ 139

误区 3　单元设计应试化倾向 \ 140
误区 4　单元目标不聚焦 \ 142
误区 5　单元缺乏基于理解的目标 \ 143
误区 6　单元目标之间联系不明确 \ 144
误区 7　缺乏核心问题 \ 145
误区 8　混淆目的和手段 \ 146
误区 9　混淆知识目标和技能目标 \ 147

阶段二　确定评估办法的误区 \ 149
误区 10　评估缺乏效度 \ 149
误区 11　评估缺乏信度 \ 150
误区 12　表现性任务不真实 \ 151
误区 13　表现性任务繁冗低效 \ 153
误区 14　表现性任务统一化 \ 154
误区 15　评估标准或量规无效 \ 155

阶段三　落实学习计划的误区 \ 157
误区 16　单元设计与目标不相符 \ 157
误区 17　单元设计缺乏预评估 \ 158
误区 18　单元设计未能预估学习错误 \ 159
误区 19　单元缺乏动态的形成性评估 \ 160
误区 20　单元计划未含必要的调整时间 \ 161
误区 21　单元设计太单一刻板 \ 162
误区 22　单元设计无法促进学生迁移 \ 164
误区 23　单元设计没有考虑学生多元差异 \ 164
误区 24　单元设计未能提升学生自适应能力 \ 166
误区 25　单元设计背离目标或评估 \ 167

参考文献 \ 168

理解为先模式主要图书和重要网站资料信息 \ 169

作者简介 \ 173

译后记 \ 175

图表目录

表 1　本书各模块概要 \ 3
表 1.1　逆向设计逻辑图 \ 11
表 2.1　UbD 模板 2.0 版本 \ 18
表 2.2　学习驾驶单元 \ 20
表 2.3　阶段一的"拆解"标准 \ 27
表 2.4　单元设计标准 \ 31
表 2.5　未引入 UbD 的社会研究单元 \ 33
表 2.6　社会研究单元 \ 34
表 3.1　单元设计的起始点 \ 40
图 3.1　常见问题表述 \ 42
图 3.2　多种模块切入点 \ 46
图 4.1　营养单元的简要三阶段 \ 48
图 5.1　四种目标类型举例 \ 66
表 5.1　区分真实理解和事实性知识 \ 69
表 5.2　正确的理解意义 \ 70
表 5.3　迁移目标的示例 \ 73
表 5.4　营养单元的阶段一概况 \ 75
表 6.1　基本问题与知识性问题的区别 \ 85
表 6.2　与技能相关的基本问题 \ 89
表 6.3　什么使一个问题成为基本问题？\ 89
表 6.4　塑造理解 \ 95
表 6.5　营养单元中的扩展理解与基本问题 \ 97
表 7.1　运用两种问题的有效测试 \ 101
表 7.2　基于六个维度的表现型任务思路 \ 105
表 7.3　利用理解维度设计评估观点 \ 106

表 7.4　六个维度的问题框架 \ 107

表 7.5　同理解的六个维度相关的行为动词 \ 109

表 7.6　运用六个维度头脑风暴任务 \ 112

表 8.1　A-M-T 学习目标和教学角色 \ 116

表 8.2　A-M-T 的行为动词 \ 118

表 8.3　运用 A-M-T 编码学习活动 \ 119

表 8.4　集中趋势测量单元的 A-M-T \ 124

表 8.5　营养单元，阶段三：运用 A-M-T 编码学习活动 \ 130

单元教学设计指南

引 言

《单元教学设计指南》是一本提高学习单元设计能力的书，帮助个人和团体以"理解为先"（Understanding by Design，即 UbD）框架为基础来设计单元。本书介绍了 UbD 单元设计并指导读者了解整个设计过程。全书以一组单元设计模块为主线来安排内容，从基本思想（如"逆向设计"的三阶段）到单元设计的具体要素（如真实的学业表现任务）。表 1 直观地表明了各模块的基本安排。

各模块所含成分如下：

◇具体说明该模块的关键思想；
◇提供单元设计指导性练习、作业单和设计小建议；
◇分析一个相应的设计实例；
◇提出包含自我评估在内的评估标准（设计标准）；
◇列出获取后续信息的资源列表。

表 1　本书各模块概要

阶段 1——预期结果	阶段 2——实证依据	阶段 3——学习计划
模块 1：理解为先模式基本思想		
模块 2：理解为先模式模板		
模块 3：从哪里开始设计		
模块 4：开发初步的单元草稿		
模块 5：不同类型的学习目标	模块 6：基本问题与理解	模块 7：确定理解的证据和开发评估任务
模块 8：为理解而学		

除了纸质文本外，本书还配有与文本对应的在线资源。众多电子版的练习、作业单以及补充的单元设计实例都可从网上下载。在线部分还包含"常见

问题"（FAQs） 并且会随时更新（即添加新的单元设计实例和新资源）。

我们欢迎读者——尤其是新手教师——完成练习和作业单，这样有利于加强在整个单元设计过程中的思考。不过，必须意识到始终将恰当一致的单元计划作为设计的最终目标，这是十分重要的。假如感觉有些练习和作业单是多余的话，完全可以跳过它们。因为，这些练习和作业单就像学习骑自行车时，为了防止摔倒而安装的辅助车轮，当你最终对 UbD 的理解比较深入并且能够有效和熟练地设计单元内容时，就会发现，你已经不再需要这些东西了。

本书以模块化的方式呈现，意味着读者不必一成不变地按照顺序阅读，如表1所示，各模块按照逆向设计三阶段的逻辑顺序组织安排，这种逻辑顺序不应同实际过程的教学（本质上是倒过来的）相混淆。你的兴趣、特长以及先前设计的经验等势必会影响应用本书的方式以及阅读的顺序。

你可将本书看作是一本菜谱。菜谱大多是先介绍开胃菜，然后介绍汤和沙拉，最后才是鱼、肉、蔬菜以及甜点。同样道理，本书也是按照一个单元模块的各个要素所组成的"菜单"进行编排。虽然菜谱按顺序一一出场，但你没有必要从头读到尾或者按照菜品出现的顺序一一模仿；同样，单元设计也遵循这样的道理。作为一名烹饪者，你会发现自己只需要最后将菜端上桌，就等于告诉了别人你是怎么做这道菜的。你的尝试，你的努力，这一过程本身并不是一条笔直的通道，改变各种"食材"多加尝试，多用心思，直到最终大功告成。

如果你想了解更多有关 UbD 的产品，可以进入网站（www.ascd.org.）。对 UbD 感兴趣的人们组成了一个讨论社区"ASCD EDge"，网址是 http://groups.ascd.org/groups/detail/110884/understanding-by-design/。"ASCD EDge"是一个专门供教育者使用的网络社区。

模块 1

理解为先模式基本思想

目的： 熟悉理解为先单元设计理论的基本思想。

预期学习结果： 单元设计能够了解如下几点：

◇理解为先单元设计理论（UbD）是一个课程计划的框架，而不是一个处方性程序；

◇UbD 致力于帮助学生理解重要思想并将其所学应用到新的情境中；

◇UbD 反映了当前对学习的研究情况。

如果你是第一次听说理解为先单元设计理论，请认真研读模块 1。

如果你已经非常熟悉 UbD 的基本思想，可直接略读或跳过模块 1。

如标题所示，"理解为先"（Understanding by Design, UbD）将两个相互依存的观念结合起来了：（1）对学习和认知的研究，强调理解是教学和评估的中心；（2）追求意义理解是一种对课程编制有帮助且历久弥新的过程。（Wiggins & McTighe, 2005）

UbD 的八项基本原则：

1. UbD 是一种以撰写课程计划为目的的思考方式，而不是一种刻板的"施工"项目或者处方性方案。

2. UbD 的主要目的是发展和深化学生的理解，即通过"基本思想"（big ideas）理解学习内容并将学习结果进行迁移。

3. UbD 将内容标准和与完成任务挂钩的目标转变为第一阶段的相关要素以

及第二阶段的基本评估要求。

4. 当学生自主领会并且将学习成果应用到实际学业表现情境中时，就表明其已经真正理解了课程内容。理解有六个维度——解释、释义、应用、洞察、移情和自知，以此作为衡量理解的标准。

5. 有效的课程是"以终为始"来开展设计的，即从长期的预期学习结果出发经历三个阶段的设计过程（预期结果、提供证据与学习计划）。这样可以避免出现"覆盖教材内容"和"活动导向教学"这两个弊端，防止学习中目的不明确与重点不突出。

6. 教师成为培养学生理解能力的教练（coaches），而不仅仅是内容和活动的供应商（purveyors），他们要确保学生的学，而不仅仅只是看到自己是怎么教的（假定学生已经吸收所有教授的内容）；他们总是先确立目标，然后再检查落实情况，确保学习者成功地理解意义并迁移。

7. 对单元和课程的设计标准进行定期审查以提高课程质量和效果。

8. UbD 是一个不断通过改进达到目标的方法，设计者会根据设计的结果——学生的学业表现——对课程和教学进行适当的调整，所以我们必须按照"暂停一下、细致分析和按需调整"这样一个套路来开展设计。

在本模块中，我们将分析 UbD 的两大基本思想——"理解"和"设计"。

理解乃教育目的

读者也许会认为此板块的开头部分实在是多此一举。难道不是所有老师都想让学生理解所教的东西吗？也许确实会有老师这么想，但在对众多班级的一项调查中显示，教学往往将重点放在"覆盖教材内容"这一层面，这些内容有些是依据国家、州或省等制定的标准而具体确定的内容，有些是课外拓展教科书里的内容。甚至一些名义上十分优秀的班级，其教学也过分注重能否获取马上回忆的简单内容，而不注重长期理解。教学过程也会为高风险问责考试所带来的压力所左右。许多学校期望老师提前做好"考前准备"（间接地向学生透露一些考试内容），作为提高考试分数的一种方法。最糟的是，这种做法容易鼓励并导致劣质教学——用一种低级、刻板的方法来学习，而不是更加深入地探索知识。具有讽刺意味的是，这种方法也从根本上切断了获得高水准成就的可能

性。（Wiggins，2010）

理解为先设计理论提出可靠的同时也是合乎常理的做法来替代这些习以为常的套路。UbD理论认为：当教师的教学旨在使学习者理解可迁移的概念和过程，给其提供更多机会将理解的内容应用到有意义（即真实情境）的情境时，才更可能获得长期的成就。学习者通过主动建构意义（即理解的过程）来学习和巩固所学的知识和技能，并将学习结果应用到新的情境中。简言之，当我们把获取知识当作方法而不是最终目的，从长远的眼光看，学生才能学得更多并且更加积极主动地参与学习。

在教学和课堂评估上采取"理解为先"的方法，其实是有认知心理学和神经科学研究作为基础的。《人如何学习：大脑、思想、经验和学校》（Bransford，Brown & Cocking，2000）一书用通俗易懂的方式综合了相关的心理学研究成果。以下是对几点重要发现所作出的简要概括，其为UbD具体的教学和评估实践提供了概念基础：

◇有效学习的视角已经从强调学生的勤学苦练转变为注重理解和运用知识。——就像所有优秀的教练那样，让学习者在台后先真正掌握技能，然后再到台前演练。成功的迁移需要运用学习策略以及学会在不同领域自由"切换"。

◇学习必须以概括性原理为引导来实现知识的广泛应用。通过死记硬背获得的知识很难实现学习迁移，只有当学习者理解基本概念和原理时，才有可能在新的情境中运用知识来解决问题。由此可见，重在理解要比在课堂学习中简单地死记硬背更容易促进知识迁移。

◇专家首先会依据核心概念或重要观点进行思考，寻求对问题的理解；而新手则不擅长围绕重要观点对知识进行组织，在解决问题上更有可能直接寻求合适的公式或套用现成的答案。

◇对精通专长的研究表明，若只是浮光掠影地覆盖教材内容，不利于提高学生为今后的学习和工作做好准备的能力。由于学校教育的年限限制，这种只强调知识广度，缺乏深度的课程不仅会妨碍对知识进行深入理解和融会贯通，而且只能让学习者获得一些零散无序的知识。

◇许多学业评估方式只测试学生掌握事实性知识的情况，从不涉及真实的学业表现（应用于某情境的条件性知识和技能）——学生是否清楚何时、何地以及为何运用这些知识。这种方法导致考试结果极其糟糕，因为学生在遇到变通后的考试题目时，无法联想到先前学习过的相关知识——尤其是试卷中没有给出具体情境的线索和提示时（这种情况在老师上完某部分内容随即对学生进行课堂测试时就会发生）。如果学业表现是学习目标的话，那么，许多地方性评估通常并没有提供有效检测学生理解与否的方法。

神经科学对学习的新兴研究（如参见 Willingham，2009）进一步验证了 UbD 相关的原则和实践。朱迪·威利斯（Judy Willis，2006）作为一名执业神经科医师和中学老师，指出了从相关研究中总结的教学意蕴：

◇通过将新知识和原有的知识经验相结合或者将原有的知识经验应用到新的图式中，"建立范式"是一种大脑感知信息和构建图式的过程。无论何时，当学生以这种方法学习新知识时，他们可以看出新知和旧知间的联系，产生更多的脑细胞活动（形成新的神经连接）并更好地实现长期记忆存储和检索。

◇体验式学习（如动手操作的科学活动）可以激发学生的多重感官，不仅最吸引人积极参与，而且最有可能被储存到长时记忆中去。

◇学习最好的记忆方法就是通过各种各样的方式将知识运用到真实情境中。

以上这些研究发现为 UbD 提供了概念性基础，对课程与评估设计大有裨益，同时对教学实践活动的设计也是好处多多。

什么是理解

"理解"（understanding）这个词虽然运用广泛，但因含义众多，所以比较复杂。众所周知，本杰明·布卢姆（Benjamin Bloom）和同事都避免在认知领域分类学中使用这个词，因为他们认为其概念含糊不清。不过，我们从直觉上会感觉到这个词代表某种重要的东西，并且本质上不同于只是通晓（mastery）内容。

因此，我们首先请你先停下来反思下面的这些问题。什么是理解？当我们说希望学生真正理解内容而不只是简单地知道内容，这具体是什么意思？真正地"吸收"（getting it）和只是能够"复述"（regurgitating back）所讲的内容，这两者之间有什么区别？

可能你像大多数人一样，对"理解"这个词是似懂非懂的。有些人认为"理解"是同想法和推论（例如，建立联系、构建框架图、掌握核心概念）

联系在一起的，另外一些人则认为"理解"是指知识和技能的有效应用（例如，用自己的话教授别人，把学到的知识应用到真实情境中，为自己的观点辩护）。基于此，我们想说的是："理解"这个术语的含义是多方面的，不同于单纯的"知道"（knowing）。与简单地传授和测试知识和技能相比，理解的目标还涉及了更复杂的教学和评估。如果"理解"是目标，那么在"设计"时，我们需要把这些多方面的意义考虑在内。

优质设计即"逆向"设计

教学是达到最终目标的一种手段，规划先于教学。因此，成效最高的教学在开始时就明确预期学习结果并且还要有学习真实发生的证据。UbD通过三阶段的"逆向设计"过程支撑这一观点，旨在规划课程单元，包括预期理解和要求迁移的学业表现任务。因此，具体课时是在完整的单元设计背景下得以开发的。

从预期结果逆向规划课程这一概念并不是第一次提出。在1948年，拉尔夫·泰勒（Ralph Tyler）已经倡导将此方法作为聚焦教学的有效设计过程；布卢姆的分类学以及安德森（Anderson）和克拉斯沃尔（Krathwohl）的最新修订本（2001）都阐明了不同形式的教育目标以及相应的评估方式；罗伯特·加涅（Robert Gagné，1977）和罗伯特·马杰（Robert Mager，1988）早就教导我们如何分析不同的学习结果和相应的学习类型；最近，威廉姆·斯派迪（William Spady，1994）也在推广从结果出发"逆向设计"的思想。

虽然这不是一个新思想，但我们构造的逆向设计，其结果更清晰地界定并且更明智地平衡短期和长期目标，提出了更恰当的评估办法，和一般的教案相比，教学目的性更强。尤其当你意识到教育的首要目的是实现有效的学习迁移时，逆向设计的优势则更加明显。UbD的核心目标是要使读者明白，我们必须像教练或者培训师一样，从长远的综合学业表现开始逆向设计，而不是仅仅从知识记忆的零散主题或片段技能出发。这样的学业表现才是真正专业知识的核心。

换句话说，我们希望通过"设计"而不是靠"运气"实现理解。也就是说，我们不想只是简单地呈现内容和开展活动，然后祈祷正好有些部分灵验了。我们需要把单元设计工作看作车上安装的全球定位系统（GPS）：首先确定一个具体的学习目的地，然后可以发现到达那儿最好的教学路径。

这个概念开始看起来似乎是显而易见的，但事实证明我们仍需面对作为规划者或者老师所具有的根深蒂固的习惯。这是为什么呢？因为虽然我们可以轻易地说出自己认为应该教什么以及建议应该怎么教，但实际面对的挑战是有所不同的或者相比之下会更加困难。我们不以内容为起点，而从期望学生掌握内容之后能做什么作为起点。真正有用的内容是什么样的呢？如果学生"理解"了内容之后，他们最终能够对内容说什么和做什么呢？另外，如果这就是真正的学习，那么我们应该教什么以及怎么教才能培养学生贯通、灵活和长久的学习能力呢？

你一定会觉得这些问题比自己一开始想到的理解设计要难得多。尤其要注意，如果要确保学习真实发生而不只是空有期望的话，那么，这种从学生预期改变出发逆向思考的方法就要求我们认真思考学习发生的证据。以下是 UbD 中逆向设计三阶段的简要总结：

阶段一——明确预期学习结果
◇学生应获得什么样的长期迁移目标？
◇学生在获得重要理解后应明白什么样的意义？
◇学生应思考哪些核心问题？
◇学生应掌握哪些知识和技能？
◇学生最终应达到什么样的最终目标或标准？

阶段二——确定可接受的证据
◇什么样的学业表现或结果可以证明理解意义和学习迁移？
◇鉴于第一阶段的预期学习结果，以什么样的标准来评估学生的表现？
◇还有什么样的证据可以用来检验第一阶段的预期学习结果？
◇应用的评估办法是否对应第一阶段的所有预期结果？

阶段三——规划相应的学习体验和教学活动
◇什么样的活动、体验和授课有利于达成预期学习目标以及圆满评估？
◇什么样的学习计划可以帮助学生逐渐实现自主迁移与理解意义？
◇如何监控学业进步？

◇如何排列和划分各单元，使所有学习者获得最大学业成就？

◇阶段三的学习项目是否和阶段一的目标以及阶段二的评估办法保持一致？

表1.1是逆向设计逻辑顺序的图例。

目的： 通过图表阐述和操练逆向设计的规划和思考流程

方法： 通过三阶段的逆向设计思路概括出单元主旨。以下方开车事件为例。也许你会发现从一个非学术的目标——比如顺利地"制订旅行计划"或"做一顿饭"——出发会更助于理解和应用。

表1.1 逆向设计逻辑图

阶段一	阶段二	阶段三
如果预期目标是……→	然后证明学习者能够……→	然后学习活动要……
在交通拥堵状况下开车时，可以应对言语粗鲁或精力不集中的司机，避免发生事故或不会心生怨气。	在真实和虚拟的驾驶情况下，学会防御性驾驶得以应对交通拥堵或者其他司机的坏"脾气"。	帮助新手熟练掌握开车技能；帮助他们在各种状况下学习和操练防御性驾驶；帮助他们学会使用幽默感或换换脑筋来消解怒气。

避免单元规划中的两大典型误区

我们发现当教师在应用三阶段的设计过程时——无论他们多大程度上使用了本书后续提到的各种模板——都更容易避免在计划和教学中陷入这两大常见的"误区"。第一个误区普遍发生在中小学阶段，被称作"活动导向教学"。在此过程中，教师规划和组织各种各样的活动，只考虑自己是否参与其中以及是否和儿童友好相处。遗憾的是，这种方法常常导致动手和动脑相互混淆。换句话说，该方法中所采用的一系列活动没有产生连贯的、有重点的生成性学习。难道我们没有在课堂活动中发现过这种未达标的例子？这样的活动就像一团棉花糖——表面看起来让人很开心，但内里缺乏长久性的实质内容。

第二大误区被称作"覆盖教材内容"，常见于中学和大学阶段，这种教学方法主要围绕某种资源展开，比如教科书或著作。鉴于高中和大学教学会面临围绕内容而产生的各种挑战，一个教师的职责不应该仅仅是讲述一本书或一个主题的所有内容；应该是按优先顺序合理安排内容，使其变得生动有意义，并且"揭示"其深层含义，不仅仅是介绍字面意思。教科书应该用作一种教学资源来制订有重点的和有效的教学计划，而不仅仅是一个空洞乏力的教学大纲。逆向设计对高年级教师来说具有关键性作用，可以帮助他们更好地理解重点内容、学会如何安排教学内容、如何明智审慎地使用教科书以达到有意义的目标。

反思优秀的学习设计

为深入了解优秀课程设计的品质及其对学习的影响，你可以从曾经经历过的一些好的学习中进行反思，并作出提炼总结（如果正在一个班级或学习团体中使用本书，建议你作为参与者和大家一起进行反思、分享和提炼总结，然后作为一个整体使用网络资源中的表1.5。）你曾体验过的最好的学习设计是怎样的？不论课程内容或者教师教学风格，一个好的设计大体上是什么样的？对此较普遍的答案都列在下列清单中。你的回答和以下这些清单有多少吻合？我们相信一定有很多，因为有效的学习设计之间会有很多共同之处。当你开始单元设计时，请把这些条件记在心里，在阅读和应用本书的时候，我们也会不断提及。

期望——在最佳学习设计中体现了：

◇提供明确的学习目标和期望；

◇将学习目标通过具体明确的有意义的学业表现体现出来；

◇围绕实际问题/论题/设问开展教学；

◇展示达到预期目标的示范或者实例。

教学——在最佳学习设计中体现了：

◇教师作为一个促进者/辅导者，去支持和引导学习者的学习探究；

◇提供针对性教学和相关资源以供学生达到预期表现；

◇教科书只是众多学习资源之一（也就是说，教科书只是资源不是教学大纲）；

◇教师通过解决核心问题和展示适合知识技能应用的真实案例，来揭示重要的思想和过程。

学习活动——在最佳学习设计中体现了：

◇各种活动和方法体现学生的个体差异性（例如，学习风格、能力水平和兴趣等方面的差异）；

◇提供多种任务和方法，并且学生可以自由选择（例如，既可团队合作又可单独作业）；

◇激励学生主动学习并积累经验从而弄懂复杂的学习内容；

◇以"示范—尝试—反思—调整"（model—try—feedback—refine）的循环模式来开展学习。

评估——在最佳学习设计中体现了：

◇明确表现目标或标准；

◇对原有知识、技能水平和错误理解进行诊断性评估；

◇学生通过实际应用（也就是说，真实应用知识和技能、实物产品、目标观众）证明自己已经真正理解；

◇评估办法符合最终目标；

◇提供持续、及时和描述性反馈；

◇学习者可以尝试、纠错、反思和改正；

◇鼓励自我评估。

顺序性和连贯性——在最佳学习设计中体现了：

◇以一个引子开始，引导学习者积极参与解决真实问题；

◇反复由总到分再由分到总地学习，不断加大难度；

◇在学生可接受的范围内适当增加学习内容并提供指导；

◇按需教学，不要急于开始就把所有"基础内容"讲完；

◇反思之前的想法——让学习者对自己以前的想法和作业进行重新思考和修正；

◇可变通（例如，及时满足学生的需要、适时调整内容来达到目标）。

注意：上述这些条件常常是"活动导向教学"和"覆盖教材内容"的不足之处。

设计标准

从练习结果来看，实现有效学习要满足一些根本条件，这些条件是单元设计的指导标准，因此，课程和教学设计应该重视和反映这些条件。通过使用这些一般的标准（另外一些更加具体的 UbD 标准会在后续章节提到），可以更准确地评估和改善单元设计、教学工作和学生成就。

在 UbD 理论中，这些标准被称作"设计标准"，其不仅包含日常经验中的常识，还涉及对学习和有效实践的研究结果。所以在单元规划和总体课程设计过程中将正式的自我评估和互评相结合是非常明智的做法，这种课程批判性评估是 UbD 的核心内容。不拘泥于既定评估标准，可以促使学习者积极参与、主动学习，收获多多，因为他们在精心设计的学习过程中获得理解，而不是仅凭运气。

设计标准具体阐述单元规划中的必要条件，正如作文标题可以引导学生写作并将其作为自我评估草稿的标准，所以 UbD 标准对教师来说也发挥着同样的作用。实际上，UbD 标准有双重目的：（1）指导自我评估和同伴评估，从而发现设计亮点和有待改进之处；（2）提供条件掌控机制，用以检验课程设计。因为有效评估应贯穿始终，不能仅在单元设计完成之后使用，本书大部分模块都会提及以这些标准为量规的自我评估问题。（模块 2 将讲述 UbD 的标准）

读完《理解为先模式》这本书，也许会帮你记录下对其基本思想的一些日常个人看法，如理解、迁移、有效设计、理解教学、逆向设计和设计标准等。如果在一个学习小组或某节课中使用这个指南，这些问题和思想将有助于激发大家的讨论。

网上可以获得更多此模块有关 UbD 的各种信息，如表 1.2 逆向设计和 UbD 基本思想的基本框架；表 1.3 什么是"理解"；表 1.4 "理解"的具体维度；表 1.5 高效学习设计；表 1.6 思考"理解"的意义。

有关本模块观点的更多信息，请参见：

《通过设计促进理解（第二版）》(Understanding by Design, 2nd ed., Wiggins & McTighe, 2005)，序言介绍了 UbD 的基本框架，第 13 章具体讲述了相关研究并提出常见问题。

《通过设计改革学校教育：使命、行动和成就》 (Schooling by Design: Mission, Action, and Achievement, Wiggins & McTighe, 2007)，第 1 章讨论了学校教育的目的，包括强调理解和迁移是教育的根本目标；第 4 章提出了一系列指导职业方法和决策的学习原则。

《意义教学》 (You Can Teach for Meaning, McTighe, Seif, & Wiggins, 2004)，对研究做了简要总结并且阐述意义教学的基本原理。

参考文献

Anderson, L. W., & Krathwohl, D. (Eds.). (2001). *A Taxonomy for Learning, Teaching and Assessing: A Revision of Bloom's Taxonomy of Educational Objectives*. New York: Longman.

Bloom, B. (Ed.). (1956). *Taxonomy of Educational Objectives, Handbook 1: Cognitive Domain*. Chicago: University of Chicago Press.

Bransford, J., Brown, A., & Cocking, R. (Eds.). (2000). *How People Learn: Brain, Mind, Experience, and School* (Expanded ed.). Washington, DC: National Academy Press.

Gagné, R. (1977). *Conditions of Learning* (3rd ed.). New York: Holt, Rinehart, and Winston.

Mager, R. (1988). *Making Instruction Work or Skillbloomers* (2nd ed.). Atlanta, GA: CEP Press.

McTighe, J., Seif, E., & Wiggins, G. (2004, September). You Can Teach for Meaning. *Educational Leadership*, 62 (1), 26—31.

Spady, W. (1994). *Outcome-based Education: Critical Issues and Answers*. Arlington, VA: American Association of School Administrators.

Tyler, R. (1948). *Basic Principles of Curriculum and Instruction*. Chicago: University of Chicago Press.

Wiggins, G. (2010, March). Why We should Stop Bashing State Tests. *Educational*

Leadership, 67 (7), 48—52.

Wiggins, G., & McTighe, J. (2005). *Understanding by Design* (2nd ed.). Alexandria, VA: ASCD.

Wiggins, G., & McTighe, J. (2007). *Schooling by Design: Mission, Action, and Achievement*. Alexandria, VA: ASCD.

Willingham, D. T. (2009). *Why don't Students Like School?: A Cognitive Scientist Answers Questions about How the Mind Works and What It Means for the Classroom*. San Francisco: Jossey-Bass.

Willis, J. (2006). *Research-based Strategies to Ignite Student Learning*. Alexandria, VA: ASCD.

模块 2

理解为先模式模板

目的： 对 UbD 模块 2.0 版本有一个初步的了解，并了解该版本的 UbD 单元样例。

预期目标： 单元设计者将明白：

◇ UbD 模板是指导逆向设计，强调单元规划理解为先的一种工具（不同于"覆盖教材内容"和"活动导向教学"）；

◇ 三阶段的设计过程使得单元目标、评估要求和教学计划更加连贯一致；

◇ 逆向设计是一种思维方式，而不是一种固定填写的模板。

单元设计者将能够：

◇ 透过 UbD 模板来检查现有的单元是否适用；

◇（最终）充分应用 UbD 模板的格式来设计单元内容。

如果你未曾使用过 UbD 模板 2.0 版本来设计单元，应认真研读模块 2。

如果你想阅读模块 3 和 4 更深入了解"理解"的目的以及它与"知道"的区别，也可略读或跳读模块 2；或者目前只想大致设计一个单元的框架而不具体细致地研究模板，可以之后再重新研读模块 2。

UbD 模板 2.0 版本阐明合理的课程应具备的基本原则，并为开发有效单元规划提供帮助，避免发生常见的错误。但就像任何经历全新的事物时一样，人们会感到一些不习惯和不方便，所以在初次应用完整的模板时也会如此，甚至觉得没有必要。因此，你可能想应用模块 4 中更加简化的版本来开展设计工作。但许多实践过的老师发现，阐明学习目标并寻找通过"设计"加以实现的方法是一种很好的设计思考方式。

作为一个设计者，无论什么样的兴趣和风格，都会发现认真研读模块 2 可以帮助你掌握 UbD 的整体内容并发掘其改善学生学习的内在潜力。表 2.1 展示了 2.0 版本完整的 UbD 模板并提出核心问题以供设计者思考。

熟悉 UbD 的读者会发现这是一个修订模板，作者对模板的调整之处和调整的基本原则做了大致总结，可以在网上"常见问题"栏查阅。

本模块将具体讨论模板的每个阶段，并且列出完整的 UbD 单元设计的例子。通过考察这些样例，可以对逆向设计有更加清晰的认识，激发你自己实施单元设计的灵感。

表 2.1　UbD 模板 2.0 版本

阶段一：明确预期学习结果	
课程标准 本单元要达到的内容标准和任务目标是哪些？ 本单元要发展的思维习惯和跨学科的目标（如 21 世纪技能，核心胜任力等）是哪些？	学习迁移	
^	学生能自主地将所学运用到…… 学生将获得何种持久的、自主的学习成果？	
^	理解意义ǁ
^	深入持久理解 学生将会理解…… 教师特别期望学生理解什么？ 学生如何将它们联系在一起？	核心问题 学生将不断地思考…… 何种引人深思的问题能促进学生的质疑问难、理解意义和学习迁移？
^	掌握知能ǁ
^	学生该掌握的知识是…… 学生应当掌握并能再现哪些事实和基本概念？	学生应形成的技能是…… 学生应当会运用哪些具体的技能和程序？

续表

阶段二：确定恰当评估办法		
目标代码	评估的标准	
是否所有的预期学习结果都进行了合理的评估？	采用何种标准来评估预期学习结果的成效？不考虑具体形式，评估中最重要的本质属性是什么？	真实情境任务： 将用哪些表现说明学生实现了理解……？ 在复杂的情境任务中，学生将如何展示自身的理解（理解意义和学习迁移）？ 其他评估： 通过其他哪些方式说明学生达成了"阶段一"中的目标？ 教师将收集哪些其他方式说明学生达成了"阶段一"中的目标？

阶段三：规划相关教学过程		
	前　测	
目标编码	教师将采用何种前测方法来确定学生已有的知识、技能、水平和潜在的误解？	
每个学习活动的目标（类型）是什么？	教学活动 学生的学习迁移、理解意义和掌握知识技能取决于…… ◇教学活动是否致力于达成三种类型的目标（知识技能、意义理解和学习迁移）？ ◇教学活动是否体现了学习的基本原则和最佳的教学实践？ ◇阶段一和阶段二之间是否始终保持一致？ ◇教学活动对学生是否有吸引力和有效果？	教学监控 ◇在课堂活动中，教师如何监控学生知识技能、理解意义和学习迁移的学习进程？ ◇潜在的薄弱点和误解是什么？ ◇学生如何获得必要的反馈？

表 2.2 学习驾驶单元

阶段一：明确预期学习结果	
课程标准	学习迁移
学习者能够：	学生能自主地将所学运用到……
◇安全细心地驾驶车辆	1. 学习者可以文明防御性驾驶，避免交通事故或不必要风险的发生。
◇熟悉路况	2. 学习者能够预见并及时运用习得的驾驶知识应对各种交通、道路、天气状况。
◇遵守交通规则	理解意义	
◇合理应对路况	深入持久理解	核心问题
◇将驾驶风险最小化	学生将会理解……	学生将不断地思考……
◇学会从经验中学习	1. 防御性驾驶——假定其他司机注意力会不集中，也许会突然转向或操作失误。	1. 开车时提前预见或准备什么可以将风险或事故发生的可能性最小化？
	2. 刹车或做出反应的时间很短，因而需要不断地预见和集中注意力。	2. 文明防御性驾驶的司机应具备怎样的品质？
	3. 合格的司机会不断适应各种交通、道路、天气状况。	
	掌握知能	
	学生该掌握的知识是……	学生应形成的技能是……
	1. 了解自己国家、省份或县市的交通法规。	1. 能够在各种交通、道路和天气状况下安全驾驶。
	2. 知道合法、文明、防御性驾驶的道路规则。	2. 能够发出信号表达意图。
	3. 熟悉车的基本特征、性能和维护要求（加油等）。	3. 能够对突发状况做出及时反应。
		4. 能够平行泊车。

资料来源：*Goals Adapted from the Driving Standards Agency*, United Kingdom. © Crown Copyright 2010. www.dsa.gov.uk.

续表

阶段二：确定恰当评估办法			
目标代码	评估的标准		
所有学习迁移的目标	◇熟练 ◇文明 ◇防御	**真实情境任务：** 将用哪些表现说明学生实现了理解…… 在各种条件下，能够将零散的知识应用到真实（或虚拟）驾驶中，做到及时反应、安全文明驾驶。 例如： 1. 任务：在父母和教练的监护下，从家开车到学校再返回。目的是展示学习者在真实情境下可以及时反应，熟练进行防御性驾驶。 2. 任务：同任务1，但在雨天驾驶。 3. 任务：同任务1，但在高峰期驾驶。 4. 小册子：新手驾驶指南。为新手撰写一本小册子，写明安全合格驾驶应做什么，不能做什么。	
所有理解意义的目标	◇准确预见 ◇及时应对各种道路状况		
所有理解意义的目标	◇精通驾驶技术 ◇掌握驾驶知识（了解相关交通法律、认识交通标志和符号、熟悉基本汽车零部件等）	**其他评估：** 通过其他哪些方式说明学生达成了"阶段一"中的目标？ 5. 从文明、防御性角度，对自己在任务1到任务3中，开车和停车的表现进行自我评估。讨论还可改进的地方。 6. 在模拟驾驶和练车时证明自己已掌握单项技能和整体流畅性。 7. 在没有教练提示的情况下，发现并纠正剪辑视频中司机操作不当的地方。 8. 对汽车的基本零部件、功能和必要的维护等方面进行测试。 9. 通过笔试证明学习者已了解道路规则和相应法律，而将道路测试作为学习者是否已掌握阶段一的所有技能并达到迁移目标的一项指标。	
所有技能和迁移的目标			
所有知识和技能目标；简单迁移			

续表

目标代码	阶段三：规划相关教学过程	
	前 测	
	教学开始之前，先通过调查和模拟器对学习者的驾驶知识、技能、理解和态度进行评估。	
	教学活动	教学监控
学习迁移（T） 理解意义（M）	学生的学习迁移、理解意义和掌握知识技能取决于…… 学生先应用所学在场地练习，再到实际道路上操作。以如下自主性逐渐增强的五个步骤作为参照标准实施所有教学活动和开展形成性评估。 1. 教师介绍技能。 2. 学生在教师的全程指导下，完成该技能。 3. 学生必须在教师指导的情况下，才能正确完成该技能。 4. 学生只需偶尔提示，就能正确完成该技能。 5. 学生在没有任何提示情况下，可以随时正确完成该技能。 解释道路状况和汽车的状态。每次虚拟驾驶或真实开车过后，要求学生通过讨论核心问题进行反思和总结；并且每次开车过后，写一份书面的自我评估。通过视频放映专业驾驶案例，以供学生参考学习，并且教师和学生一起总结正确驾驶的注意点，避免出错。	◇学生尝试运用所学技能练车时，教师进行形成性评估并提供非正式的反馈。 ◇指出常犯错误和操作不当之处： 1. 没有从后视镜正确观察车后和两旁路况。 2. 没有正确应对突发道路状况。 3. 在换车道和转弯时，没有正确预测其他车辆的车速。

续表

掌握知能（A）	学习驾驶的关键技能、道路规则和汽车的基本常识。通过直接教学和视频模拟了解开车经验和汽车设备，包括如何在雨天、晴天、夜间、白天、高速上、城市里和乡村里开车。教师讲解重要的道路法律法规并安排实际驾驶考试。 培养实际驾驶时的各种技能： 检查汽车、转盘、安全检查、观察人行横道、操控仪、表盘、高速公路、起步、加速、刹车、转弯、掉头、保持安全车距、查看后车镜、停车、信号、紧急刹车、提前预见和规划、开夜车、调档、了解天气状况、外部交通状况、法律法规、交叉口安全、乘客、载重。	

资料来源：*Skills Modified from the Driving Standards Agency*，United Kingdom. © Crown Copyright 2010. www.dsa.gov.uk.

阶段一： 明确预期学习结果

鉴于 UbD 单元中要达成的长期学习目标的复杂性（如表 2.1），因此在阶段一规划 UbD 单元时，需要考虑几个重要的元素。毋庸置疑，理解是教学设计的关键目标，模板也反映了这一点。但鉴于模块 1 中对理解的讨论，阶段一中的方框应包含理解意义。所谓"理解"，大体指的是两种意思：（1）能够将你的理解、知识、技能有效应用到新的情境中，顺利实现迁移；（2）能够推断并建立联系，获得深层次的理解。我们认同模板中的观点：理解包含"实现迁移"和"理解意义"；理解意义又包含"核心问题"和"深入持久理解"。

实现迁移

学会迁移无疑是所有教育的长期目标。当能够将所学的东西独立地应用到新的情境中时，你一定真正理解了所学内容并达到新的境界。例如，活学活用的司机、运动员、历史学者或者数学家可以推断面临的问题并成功高效地将所学进行迁移，但仅靠生搬硬套的学习者是无法做到的。

理解意义

从这些方面可以反映和分析一个人的学习是否达到理解的程度：能否作出重要的概括、发现新的角度、对过去困惑和似懂非懂的经历或学习豁然开朗。从广义上说，理解不是一种事实（虽然乍听起来像这回事）而是一种"理论"；它源自于对学习者来说有用并且可证实的推断——必要的时候在教师适当的帮助下，自己不断萌发和检验想法的过程。

例如，本模块下文将提到开车的例子，此时的理解要求就是：开车时司机停车或做出反应的时间非常短暂，因而需要有随时作出预估的本领和能够集中注意力（如表 2.2）。这些技能你只能从不断的经历和及时反应中锻炼出来。学习现代专业知识，无论是内容或过程、驾驶汽车或物理学，理解都是来之不易的结果，它不是"自动"得来，而是被"揭示"——探索和思考——出来的，因为需要理解的内容通常不明显，并且新手容易对此误解。通俗点说，你必须自己去搞懂一件事情，获得理解。否则，在课堂上听到的东西对你来说都是一些没有意义的句子，当你真正开车的时候，它们没有任何实在的价值。

理解意义是学习迁移的前提。关键性与联系性想法可以帮助我们认清各种主题/模式/理论，进一步弄懂新的令人困惑的情境。开车时，有意识地对可能出现的需求或状况进行预估可以帮助我们更好地应对路上的突发状况。细心谨慎、提前考虑的思维习惯也利于应对其他一些需要预先计划的状况，例如，在体育运动和处理人际关系中也需要有这种品质。

核心问题（essential questions）涉及理解的两大方面。获得理解并灵活运用先前的知识需要学习者自身主动进行理解意义，这个建构的过程要求学习者能够提出并尝试解答关键性问题，得出推论，产生新的理解并积极应对尝试迁移后的结果。学校存在的意义不仅仅是教授学生知识，还要致力于回答学生的问题，满足他们的需求。构成整个单元的重要问题足以证明这样一种教育目标。

不断提出核心问题并引导学生主动质疑，使学生明白真正的学习是不断主动地而不是被动地挖掘深入内容。如果认真探究某个主题，我们自然会面对这些问题：为什么，怎么办，这意味着什么，它是什么，意义何在，接下来还会发生什么等等。这些引导性问题激励我们自身进行理解意义，使我们明白专家所说的理解的意义和价值所在。

核心问题的应用还可以促进迁移，推动我们面对新问题时，探寻相似的模式、建立联系、考虑有效的策略。从教育层面来看，一个问题是否"核心"，主要看其是否帮助学习者在处理新问题时更好地聚焦基本内容、获得有效的理解。从理想层面来看，核心问题可以通过学生的自我消化，最终帮助他指导和组织所有的学习。

上述核心问题对学习迁移的意义可以从开车实例中的第一个问题看出端倪：开车时提前预见或防范，可以将风险或事故发生的可能性降到最低？（见表 2.2）请注意，其中有一个方面可能没有考虑：问题本身只是为了达到预期的学习目标，而不只是为了找到问题的答案。问题不只是为教学而用。学会自主提出问题并尝试解决问题才是预期的学习目标，无疑也是实现真正的终身学习的关键。

模块 5 将进一步阐述学习迁移、理解意义和掌握知能的具体要求。模块 6 具体探讨核心问题和深入持久的理解以及如何做到兼顾两者。模块 8 说明如何在设计教学时深入贯彻 UbD 的基本思想。

掌握知能

短期目标是让学生掌握知能。有关知能目标读者应该都很熟悉，这里指讲授单元教学结束时，希望学生学会的陈述性知识（事实性信息、词汇、基本概念）和程序性知识（基本技能或具体技能）。

UbD 理论认为，知识和技能是获得深入持久理解以及学会迁移的必须工具（即手段），所以在教学和评估时应充分考虑这样的特点，就像体育课和专业技术课教学一样。学习"内容"的根本目的是理解意义并学会迁移，顺利将先前所学应用到新的情境中。UbD 模板反映了对学校教育的这些观点。

这里的挑战不是指要达到所有可能的相关知能目标，而是依据下方列出的要点选择"基本的"知能目标：

◇这些知识和技能应是实现后期理解意义和学习迁移的基础。避免只是列出对促进理解毫无用处的琐碎事实或定义。

◇计划检测学生是否已掌握目标知识和技能时，只考查阶段一已标明需要传授和评估的内容，而不再涉及新提及的东西。

◇目标知识和技能应切合本单元主题。学生在本单元学习这些知识和技能时，整体上不会觉得不连贯或很突兀。

➲建议：有些人发现将知识目标以记忆问题的形式呈现有一定帮助，要求学生在学完整个单元时独立完成。这一方式有两大益处：一是利于将事实性问题和核心问题区分开来；二是可以缩减知识目标清单。另外，这也表明阶段二中的其他评估部分还需完善。

标准和其他既定目标

本指南的许多读者在设计课程和单元计划时，不得不兼顾外在法定目标（国家、州、省或区）和学区目标或学校目标（如使命宣言、21世纪技能、思维习惯等等）。因此，在模板的阶段一部分，特别在左边为此开辟一个既定目标的方框。在这个方框里，可以列出与单元主题相关的州或省级标准以及正式课程或项目目标，符合主题的学校或学区任务目标也可包含在内。

将这些法定目标放在侧边是提醒设计者，虽然设计时需要考虑这些重要的标准，但通常不是学校教育的最终目的。在后文将具体讨论，法定标准就像建筑规范：这些规范必须达成，但不反映任何设计的最终目标，也不能满足设计使用者的所有要求。

将既定目标一栏放在侧边的另一个原因是大多数州级标准包括多个方面不同的学习目标。例如，新出台的《阅读的共同核心标准》中，"中心思想和细节说明"这一分支下的一个标准说："确定一篇文本的中心思想，以及它是如何通过特定的细节来传达的；提供一篇客观的文本摘要"（摘自六年级标准《2010国家共同核心标准倡议》第36页）。这一标准其实隐含很多UbD元素，比如理解中心思想和作出小结、对多种技能和策略有深入持久的理解；迁移目标方面，能够独立找出一篇全新文本的中心思想。表2.3通过一个图解例子告诉单元设计者在设计过程中如何"拆解"既定目标。（无法做到这种"拆解"是地方课程和评估不足的原因之一。）

表2.3 阶段一的"拆解"标准

阶段一：明确预期学习结果		
课程标准 英语共同核心标准 （阅读） 重要思想和细节 1. 学习者能引用文本证据作为支撑来分析文中直接表述的内容以及从文中得出的推论。 2. 学习者能确定一篇文本的中心思想，以及它是如何通过特定的细节来传达的；提供一篇客观的文本摘要。 3. 学习者能查找和评估文中的论据和具体观点；挑出有理由和证据支撑的观点。	**学习迁移**	
:::	学生能自主地将所学运用到…… ◇在没有老师的提示或脚手架支持的情况下，引用文本证据（以及从文中得出的推论）作为支撑来分析一篇全新的非小说类文章。 ◇确定一篇文本的中心思想并写一篇客观的总结；然后再评估文章。	
:::	**理解意义**	
:::	深入持久理解	核心问题
:::	学生将会理解…… ◇文中提出了论据，而不只是事实和观点。 ◇读者的首要任务是遵循论据，然后再进行批判。 ◇论据的重点可能隐含其中，因此需要读者自己推断出来。	学生将不断地思考…… ◇作者的观点是什么？他是如何证明的？证明是否可靠？ ◇如何总结这篇文章显得最恰当？ ◇我同意作者的看法吗？
:::	**掌握知能**	
:::	学生该掌握的知识是…… ◇文章的大概思想。 ◇文中重要词汇。 ◇可靠论证的构成因素。	学生应形成的技能是…… ◇能够做客观的总结。 ◇理清论证的逻辑性。 ◇点评文中论据的有效性。 ◇运用阅读策略发现文章主旨和作者意图。

资料来源：Goals © National Governors Association Center for Best Practices and Council of Chief State School Officers. 版权所有。

简言之，阶段一的所有要素应该是相互联系，而不是孤立的。阶段一模板的内容结构主要是提醒教师在设计单元时，考虑课程标准或者既定目标很有必要但还是不够的；掌握知能是达到最终理解目标的手段；核心问题是任何达到理解意义和迁移目标的关键。

重新回顾表2.2驾驶课程第一阶段的内容，请注意各元素是如何相互联系来帮助界定设计目标的。

阶段二： 确定恰当评估办法

阶段二中，教师必须像评审员一样认真地思考采用怎样的证据，可以最大限度地证明学生已经获得阶段一规定的知识、技能和理解水平。本质上来说，逆向设计是梳理教学目标（阶段一）对评估（阶段二）和教学（阶段三）设计的逻辑意义。请重新回到表2.1，总体观察阶段二，你会发现UbD模板就体现了这一思想。

如果已在网上做过"什么是理解"的测试（表1.3和1.4），一定已经了解什么样的证据可以证明学习者已获得真正的理解。简言之，如果学习者已真正理解某个内容，就能够在一些学业表现中正确地应用和解释理解的内容。这里的"学业表现"不是指机械地、照本宣科地应试或者盲目地填写记忆公式，而是期望学生可以灵活恰当地将所学应用到一个新的复杂的情境中，满足新情境对高层次思考能力的需求。当谈及"解释"时，我们寻求的不是背诵已学内容，而希望学习者能用自己的话予以阐述、给出理由证明自己的答案、引用文本支持自己的立场、展示自己的成果并证明自己的解决方案等等。因而，在评估学习者是否真正理解时，通常需要设计至少一项这样的任务，如模板中阶段二显示的那样。（本书后续会将理解分为六个维度，细化分析其含义，目前在这里只是简单提及一下。）

对理解的评估要求教师在选择或设计任务时，学生需要证明自己在阶段一的学会迁移和理解意义方面已达到某种理解程度。鉴于这些评估方式非常开放（即通常没有唯一或标准的答案或方法），我们需要设立评估标准来判断学生的表现。这些标准通常会放在具体评估办法的前面（最终在教学之前会被细化为更加具体的标准）。为什么放在最前面呢？因为这些标准将具体的任务连接回到（更一般的）阶段一的预期学习结果。这一点在开车的例子中就可以证明：熟练、文明、防御、准确预见等这些标准可以用于判断所有和开车有关的学业表现；它们可直接用于说明迁移目标和其他预期结果。

在阶段二"学业表现任务"下方，列出"其他证据"一栏，此栏都是比较传统的评估方式。可以将知识、技能、标准以及其他学业表现任务无法检测的目标列在其中。例如，如果想检查学生是否记得乘法表或各国首都的名称，可以采取常用的客观测试题来有效证明，比如多选题、配对题、简答题、判断题或者填空题。同样，你也可以通过技能测试或简单的演示来评估学生具体技能的掌握程度。或者，也可以要求以一两个核心问题为主题写一篇文章来衡量学生是否已经真正理解。但不要只是将评估办法直接列在这里，首先应在每一栏的开头总结这些证据大概可以评估什么（例如，课堂小测验可以证明学生能记住数字口诀和解决简单的减法题）。

单独或零散地检测知识和技能绝不是证明学生已达到阶段一高级别、长期目标的最有效的总体证明。学习的长期目标是学会迁移，而不仅仅是依据提示完成测试题。正如足球训练或五段式写作一样，大多数测试项目考察的都是学会迁移的手段而不是最终目标，这些测试项目对于培养实际能力很有必要但还不够充分。

让我们重新回顾驾驶课程的例子，请观察表 2.2 模板中整个阶段二的内容。因为其最终目标是学习者能够在真实道路中顺利开车，所以评估要检测真实或模拟情境下的驾驶（超越了"其他评估"一栏中的纸笔测试和对具体技能的单独测试所能考查的范围）。因而这个例子揭示了各种评估办法和逆向设计的一个重要思想，即要想从评估结果中得出可靠的推论，评估办法必须能够精确地检验既定目标。这些真实情境任务不能是学习之前就可以做到的，而必须是学习者"真正理解"之后才能完成的任务。这也就是我们在教育中常会问的问题——"这个评估可靠吗？"目的是为了求证"这个评估结果是否能够准确地反映学习者已经达到阶段一的目标"（模块 6 将深入讨论所涉及的"效度"问题）。

阶段二（和阶段三）最左边"目标代码"一栏就表明这些思路。无论你在此栏只是简单地打个勾号，或者标着 T、M、A（分别是学会迁移、理解意义、掌握知能的英文首字母大写），抑或更加复杂的编码（例如，T1、M2、EQ2，这些编码具体标明需要评估的阶段一的要素），"目标代码"这一栏都会对你起到一种自我约束的作用，时刻提醒你评估办法是要反映目标，并且要囊括所有目标。

阶段三： 规划相关教学过程

　　阶段三的任务是规划最合理的学习经验和必需的教学活动。 逆向设计的逻辑思维要求学习计划要和目标（阶段一） 以及相应的评估办法（阶段二） 保持一致。 正如阶段二那样， 模板中阶段三的第一栏就显示了这一点： 有意识地强调我们所规划的教学活动是围绕目标和学习原则展开的。 因此可以避免前文提及的"双重误区"， 即单纯地覆盖教材内容和活动导向教学。 请重新回到表2.2， 观察驾驶课程例子中的阶段三。

　　请注意， 在阶段三的顶部和右侧各提供一个空间用于对学习过程进行广义上的形成性评估， 位于顶部的是在单元教学开始前对学生进行前测， 右边是对正在发生的教学活动进行教学监控。 这些清晰地表明这样一个常识： 一个好的单元设计不是一成不变而是灵活变通的， 总是要依据反馈进行调整。 看似有点矛盾的是， 最好的设计应该是适时更新、 及时调整的。 许许多多的课时、 单元与课程设计太过僵硬——没有针对学生的困惑、 技能缺陷或者误解作出适时调整（ 这种问题现在很普遍， 因为现实的教学进度要求只强调在固定模式下开展教学， 没有为如何灵活达到目标提供指导）。 阶段三的新形式鼓励设计者提前预估可能会遇到的麻烦， 并在事态恶化之前想好如何监控和调整。

　　你也许会困惑为什么阶段二里没有诊断性和形成性评估。 原因是这样的： 不同于阶段二对终结性评估的需求， 设立前测和实时监控这两种评估方式是为了促进学习。 因此， 将这两项内容放在阶段三更加合适。

　　在起草一个单元时， 学习规划没有必要面面俱到， 把所有的细节都解释清楚。 单元设计的关键是发现什么样的学习活动是达到阶段一预期目标所需要的。 然后， 你在每天的教学过程中就会觉得非常自信， 感到内容非常充实， 因为这些反映了你想要达到的重要的长期目标。 在本模板接下来的示例单元中， 你会发现： 阶段三的教学活动整合了与阶段一中三种不同学习目标相关联的教学活动。

　　从整合的可靠性来看， 制订详尽有序的课时计划这一最终任务是可以顺利地满足目标和评估的要求的（ 请参见在线资料， 我们提供了一些详细的课时计划， 用以对下文的一些事例进行补充说明）。

设计标准

如模块一中所提及，单元模板中有一组设计标准供自我评估和同伴互评作参考。这些标准总结了一些与模板及其需求相关的要点。如果在单元设计定稿之前可以多次依据这些标准对学科教学内容进行检查，那么和一次性完成的效果相比，你的设计可能会更加出色。正如作家写作不是从引言写到结论一气呵成，而是有一个循环往复的过程，以确保作品始终反映最初的写作意图并且具有真实性。如果依照设计标准定期对整个单元进行分析，可以帮助你养成上述的习惯。请参见表2.4的单元设计标准。

表2.4 单元设计标准

阶段一	3	2	1	反馈与指导
1. 迁移目标是否阐明持久、真正的预期学习成就。				
2. 理解性目标是否体现重要的迁移思想。				
3. 理解性目标是否以概括的陈述句形式呈现——"学生将能够理解……"				
4. 核心问题是否开放并发人深思。				
5. 相关的标准、任务和项目目标是否在三个阶段都已阐明。				
6. 预期的知识和技能是否足以实现既定目标、获得预期理解并促进迁移。				
7. 阶段一的所有要素是否连贯一致。				
阶段二				
8. 具体评估办法能否保证检测到所有的预期学习结果，即阶段二是对阶段一的检验。				
9. 具体评估办法是否包含基于多维度理解的真实性迁移任务。				

续表

阶段二	3	2	1	反馈与指导
10. 具体评估办法是否足够丰富使学生有机会展示其已掌握阶段一的目标。				
11. 每一种评估方式的评估标准能否有效检测预期结果。				
阶段三				
12. 学习活动和教学能否帮助学生： a. 习得预期的知识和技能； b. 建构基本思想的意义； c. 将所学知识技能迁移到新情境中。				
13. 运用WHRERTO的方法开发高效的、引人入胜的教学活动。				
整体性				
14. 三阶段之间是否保持协调一致。				
15. 考虑到具体情况，单元设计是否仍是可行、合理的。				

注：（3＝符合标准，2＝部分符合标准，1＝尚未符合标准）

理解为先模式应用前后对比案例

给学习者讲解一个概念、原则或过程时，提供正例和反例的前后对比案例是一个有效促进理解的教学方法。通过分析和比较正例和反例的区别特征，学习者可以加深对关键思想的理解。这一过程不仅对学生，对教师自身也有很大帮助。同时，接下来还会给出"应用前后对比案例"的简要评论，使你更好地理解模板的价值以及众多常见学习单元的不足之处。

在表2.5未引入UbD的社会研究单元中，一系列活动都没有明确的目标或指导思想。"未引入UbD"的代数示例（如在线资源表2.7）反映了不同原因引起的同一问题，即单元中的新内容只是简单地通过教材和主题来呈现。运用UbD的表2.6社会研究单元和表2.8（见在线资源）代数单元，相比而言提供了更具挑战性、更集中连贯的学习体验。不同于以往的活动松散地围绕一个主题展开，这两个表格聚焦于重要的思想和问题，单元目标和评估联系更加紧密，第三阶段的学习活动紧扣目标且更加有趣。

表 2.5　未引入 UbD 的社会研究单元

主　题
主题：西进运动和拓荒者生活 社会研究——3 年级
教学活动
1. 阅读书本章节——"草原上的生活"，回答章节后面的问题。 2. 阅读并讨论"萨拉平原和山地"部分，从文中寻找拓荒者的相关词汇完成单词填空。 3. 制作一个以"拓荒者生活"为主题的记忆盒，放入一些可以反映一个儿童去西部旅行或大草原场景的工艺品。 4. 草原上的日常活动——穿上拓荒者的衣服并完成以下七项学习活动： （1）搅拌黄油； （2）玩 19 世纪的游戏； （3）用蜡密封信封寄到家中； （4）玩"拓荒者换装"的电脑游戏； （5）制作一个玉米皮玩具娃娃； （6）尝试缝被子； （7）给锡铁穿孔。
评估办法
1. 随堂测验"萨拉平原和山地"中有关拓荒者的词汇。 2. 考查章节末尾有关拓荒者生活问题的作答。 3. 展示并阐述记忆盒中的内容。 4. 在学习草原生活期间完成七个学习活动。 5. 学生对单元学习的自我反思。

资料来源：© 2004 ASCD. 版权所有。

表 2.6　社会研究单元

阶段一：明确预期学习结果	
课程标准 　　学生能够针对他们在历史文献、目击者阐述、口述历史、信件、日记、文物、照片、地图、艺术品和建筑中看到的事物提出相关的问题。 　　能够利用地图、照片、口述历史、信件、报纸和其他主要来源追溯部落形成的原因、个人和家庭如何为它的成立和发展作出贡献，以及其如何随时间变迁。	**学习迁移** 　　学生能自主地将所学运用到： 　　1. 找出不同的史实描述，并对其进行比较和评估。 　　2. 独立地将草原上拓荒者的生活和现今的"拓荒者"的生活进行比较。 　　3. 以更加设身处地的角度来看待文明、文化以及种族之间的相互影响。
	理解意义
	深入持久理解 　　学生将会理解： 　　1. 许多拓荒者对西进的机遇和困苦有种天真的幻想。 　　2. 人们因为多种原因而决定迁徙，如发现新的赚钱途径、获得更多的自由或者逃避某些东西。 　　3. 成功的拓荒者必须有勇气、能创新、会合作，以此来克服艰难险阻。 　　4. 西部殖民威胁了平原上美洲土著部落的生活和文化。 　　5. 历史就是理清不同"故事"的来龙去脉。	**核心问题** 　　学生将不断地思考： 　　1. 迁徙的原因是什么？为什么拓荒者要离开家乡西进？ 　　2. 地理和地形是如何影响迁徙和殖民的？ 　　3. 拓荒者是什么样的？什么是"拓荒者精神"？ 　　4. 为什么有些拓荒者可以最终获得成功而有些却不可以？ 　　5. 这是关于什么群体的故事？ 　　6. 当不同文化进行交流互动时会发生什么？
	掌握知能
	学生该掌握的知识是： 　　1. 西进运动和草原上拓荒者生活的重要史实。 　　2. 有关拓荒者的专用词汇。 　　3. 基本的地理知识（拓荒者的迁徙路线以及殖民地点）。	**学生应形成的技能是：** 　　1. 运用研究技能探索马车队和草原上的生活。 　　2. 能够口述或者撰写他们的新发现。

续表

	4. 关于平原上的美洲土著部落以及他们和殖民者之间互动的事实性信息。	
	阶段二：确定恰当评估办法	
评估的标准		
◇符合史实 ◇构思合理 ◇引人深思、见闻广博 ◇细节逼真 ◇解释清晰 ◇逻辑可靠	**真实情境任务：** 将用哪些表现说明学生实现了理解…… 检测学生是否能够从拓荒者的经历中总结出如下的经验： 1. 开展一次博物馆展览，展出文物、图片和日记条目，并以"一周的生活"为主题描绘草原上的殖民家庭具体生活状况。（现在的人们对草原生活和西进运动有哪些普遍的误解？）解释地理和地形是如何影响拓荒者的迁徙和定居的。 2. 给东部的朋友写一封信（每封代表一个月的旅行），向他描述你在马车队和草原上的生活，并诉说你的期望和梦想，然后告诉他前线的生活究竟是什么样（学生也可以画图或者口头描述）。 3. 给老师、父母或搭档做一个正式的口头演说：对博物馆中19、20和21世纪的拓荒者展览品进行介绍演说。我们的拓荒者是什么样的，现代的拓荒者是什么样的以及和草原上的人有什么不一样？ 4. 假设你是一名亲眼见证过平原被拓荒者殖民的年长的部落成员，请向你8岁的孙女讲述这种殖民对你的生活带来的影响（可以口述或文字描写）。	
◇论证有力 ◇阐述清晰	**其他评估：** 5. 运用文中拓荒者的专用词汇，口述笔述或两者兼可，回答一个核心问题。 6. 画图展现拓荒者的艰苦生活。 7. 阐述记忆盒中的内容。 8. 对平原上的美洲土著部落的相关知识进行随堂测试。	

续表

阶段三：规划相关教学过程
核心学习和教学活动总结
实现迁移和理解意义目标的关键是学生需要体验"草原日"并了解其他与核心问题相关的读物和事件。 　　如学生所说，目标就是清楚草原上的生活是什么样的以及那时的拓荒者和现在的有什么不一样。 　　1. 前测：使用"K-W-L 表"（已经知道了什么——想要知道什么——本次学到了什么）检测学生的学情并为其制订单独的单元学习目标。 　　2. 修改"草原日"的活动（例如，将计算机模拟的俄勒冈小道替换成"拓荒者服饰"体验，并在角色扮演时查阅相关的报纸杂志）；帮助学生体验模拟的草原生活，围绕核心问题提问并展开讨论；使学生熟悉问题并鼓励其独立思考。 　　3. 阅读其他与本单元内容级别和所需理解水平相似的小说，比如《草原上的小木屋》《井中黄油》；额外增加一些非小说散文来满足不同阅读水平，比如《俄勒冈小道的生活》《先锋妇女日记》《达科塔的窝棚》；指导学生运用不同资源研究不同时期的特点；将所有读物和量表相对应。 　　4. 为了促进理解，要求学生画出一个拓荒者家庭西进旅途的时间点事件图。 　　5. 为学生的迁移做准备，让其思考如果我们都是拓荒者会怎么样，并研究现在的拓荒者。 　　6. 模拟举行一次平原上的美洲土著部落长老会议，让学生从不同的角度思考并培养他们对无家可归的美洲土著的同情心；讨论以下问题：当遭遇家园被入侵的威胁时，我们应该怎么做，是反抗、逃跑还是背井离乡？这些选择分别会对我们的生活造成什么影响？ 　　7. 老师为学生提供图形组织者和提示，帮助其思考读本和学习活动中的内容，关于拓荒者的本性和拓荒者与本土人民之间的文化互动的影响。 　　8. 学生在开展真实情境任务之前，重新回顾关于记忆盒、博物馆展览、书信和日记的评分准则；给学生提供研究相关示例的机会。
资料来源：Goals © 2000 California Department of Education. 版权所有。© 2004 ASCD. 版权所有。

案例单元

希望你能浏览不同 UbD 模板下其他单元的简要案例。另外，任何空白模板中的内容都可用于你的单元设计，当你通读这本书的各个模块时，你会发现每个地方我们都会解释得非常详细。这些单元案例你可以根据需要从网上下载。

不同年级、科目和主题的单元案例都可从网上获得。表 2.7 是未引入 UbD 的代数单元；表 2.8 是引入 UbD 之后的代数单元。还有其他一些案例单元，如表 2.9 音乐单元；表 2.10 文学单元；表 2.11 气候单元；表 2.12 视觉艺术单元；表 2.13 健康与体育单元；表 2.14 历史单元；表 2.15 时间单元。

有关本模块观点的更多信息，请参见：

《通过设计促进理解（第二版）》(Understanding by Design, 2nd ed, Wiggins & McTighe, 2005)，第 1 章讨论单元设计的逆向设计方法；第 11 章描述原有的 Ubd 模板和运用 Ubd 前后对比的几何学案例。

《通过设计改革学校教育：使命、行动和成就》(Schooling by Design: Mission, Action, and Achievement, Wiggins & McTighe, 2007)，第 1 章讨论学校教育的使命并展现州级最高教育标准是如何以实现迁移目标为中心的；第 2 章讨论将理解和迁移作为课程学习的长期目标；第 3 章描述这样的课程如何设计。

参考文献

Wiggins, G., & McTighe, J. (2005). *Understanding by Design* (2nd ed.). Alexandria, VA: ASCD.

Wiggins, G., & McTighe, J. (2007). *Schooling by Design: Mission, Action, and Achievement*. Alexandria, VA: ASCD.

模块 3

从哪里开始设计

目的： 鉴于个人风格、兴趣和需要，为单元设计确定合适的起始点和顺序。

预期学习结果： 单元设计者能够了解如下几点：

◇无论是《理解为先模式——单元教学设计指南》还是 UbD 模板都不会要求步调完全一致的设计方法。虽然模板有一套逻辑上固定的设计布局，但不要求单一的、按部就班的设计过程。

单元设计者将能够：

◇基于自身的风格、兴趣和单元主题，快速高效地决定从哪儿开始，如何开始和安排具体的单元设计。

如果不确定单元设计的具体范围和方向或者想要获得有关从哪里开始以及怎样进行单元设计方面的想法和建议，请认真研读模块 3。

如果对逆向设计很了解或者对自身的单元设计方法很确信，可直接略读或跳过模块 3。也可直接研读模块 4 设计一个单元草稿或者研读模块 5 依据一个完整的模板设计一个单元。如果作为一名设计者对自身的技能和方法有把握，但是不知道如何最大限度地设计一个致力于理解的单元，也可以直接跳读至本模块的"设计决策"部分，从问题 3 的单元范围看起。

正如学生具有差异性，教育者之间也有不同。因此，本书依据教师所教授科目和年级的不同，以及在课程规划、设计方法、兴趣和需要方面已有经验的不同，将本书读者作出一定区分。所以本书的内容安排非常灵活。

本模块的结构设置也考虑到不同的设计和学习风格，也许有些设计者喜欢一步一步、循序渐进的设计风格，而有些人更喜欢整体性、非线性更强的设计风格；本模块的编写和布局都已考虑到这些情况，尤其可以从该书引言部分的各模块概要表格看出（见表1）。当然也可采取折中的办法，即每个模块先按部就班地研读，但是当单元设计的后续工作需要回顾之前的模块时，再重新阅读一遍。而且各模块之间的独立性也是允许这样的情况发生的。

也许会发现，本书各模块的开头部分都会提供建议，以此来考虑该模块是否对你近期的工作有帮助或者直接跳读至其他章节更有效。简言之，你可以按次序阅读、反复阅读或者选择性地跳读。只要铭记最终要根据UbD模板设计出一个优秀的、连贯一致的单元，且你的首选方法应符合书中内容。

结果 Vs. 过程

无论你对设计者这个工作多么熟悉，一定要当心一个普遍的误解，即《理解为先模式》和UbD模板的布局和逻辑思路为设计的顺序和过程提供指导。实际情况并不是这样。《理解为先模式》反映了模板的布局，而模板为设计出最终成果提供工具。实际创造的过程总是比最终成果要迂回复杂得多。

基于UbD模板的设计过程和成果之间的关系可以简单类比成烹饪书中的食谱。读者可以轻松地看着食谱做菜，因为食谱编写者已经写明具体的操作步骤。但是直接提供现成的食谱这一方法省去了钻研食谱时反复推敲的复杂过程，厨师需要不断地尝试、调整和完善。直截了当地说，厨师不是按照食谱来烹饪的！无论是做一顿饭、建一栋大楼还是设计一个课程单元，都不会有现成的"食谱"供你设计出创造性、有成效的作品。相反，食谱或蓝图就像一个修饰过的UbD单元，以简洁实用的方式呈现最终的成果。

与学术工作类似，思考最终版印刷文本的页数和书本成型时的写作顺序之间总是会存在矛盾。所以作者绝不可能在定稿时先写第一部分的引言，而可能在写书的过程中，很晚才写引言部分。单元设计也是如此，也许在设计的过程中，我们很久才明确这个单元的重点以及想要学生实现的重要的理解性目标。当然，接下来单元设计就要遵循这样的思路来编辑。

设计定位

鉴于读者风格各异，我们根据多次与不同年级和学科教师的共事经历，提供了一些卓有成效的设计途径。如果你能根据下方的九个问题对自身的风格、兴趣、需要和抱负做一个简要的自我评估，我们的建议对你来说将更加有效。

1. 你属于哪种类型的设计者？是倾向于环环相扣的设计方法还是喜欢首先从整体把握，勾画出一些想法，再反复不断地来回修饰？如果是后者，你可能更喜欢从模块4看起，模块4中会给单元设计一个粗略的草图，只要大致考虑设计的三个阶段而不用在乎模板的所有细节。但是，如果你倾向于一步一步地设计一个完整的 UbD 模板，也许会跳过模块4，直接研读模块5，模块5会详细介绍阶段一的内容。

2. 你更关注哪种类型的内容目标？所教授的科目可能会影响到你的设计方式，例如，较关注技能发展的学科教师（例如，读写、外语、数学、体育、职业和技术、音乐和艺术），常常更喜欢先具体考虑迁移目标，再专注于解决核心问题和获得理解。相反，有些专门教授理论和内容知识的学科教师，更喜欢先关注核心问题和其所带来的影响。

3. 你的单元内容包含什么？众所周知，UbD 的目标就是使学生获得深入持久的理解，所以如果你的单元设计只关注一些次要的事实或者无关紧要的内容，会显得不妥。据推测，最能实现学生理解目标的单元设计应该包含提问、质疑、提议、主题，或者要求学习者涉猎足够广泛的事物进行深度探索。这种探索将要求单元内容聚焦于关键原则、核心过程与重要文本，或者针对有意义的课题、问题或表现来策略性地应用多种技能。简言之，好的单元设计不关注事实或技能，而关注如何通过这些事实和技能获得理解。因此，表 3.1 也许对你寻找一个合适的切入点会有所帮助。

表 3.1 单元设计的起始点

可取之处	避免之处
一个重要的州级或省级标准，涉及知识、技能、高级思维和应用（例如，"创意写作"或者"重新分组并归因来解决问题"）	一个狭隘的标准、量规或指标，针对不重要的技能或内容目标（例如，"十四行诗"或者"关联性"）

续表

可取之处	避免之处
值得理解的、重要的、持久的想法（例如，"模型使我们能够测试可能的结果或影响"）	一个最喜爱的学习活动（例如，用小苏打和醋制作一个火山模型）
切合主题的核心问题，且核心问题必须被不断重新审视（例如，这是谁的"过去"？我必须做到多详细？文化和艺术之间是如何相互影响的？）	有标准答案的问题（例如，铁的化学符号是什么？头韵是什么？如何做加法？）
评估检测出的不足之处（例如，学生在发现主要思想或者解决多步骤/非常规的数学问题方面有困难）	评估检测出的基础的知识和技能方面的缺陷（例如，词汇、需借位的两位数减法）
值得理解的、持久的想法——一个普遍的主题、理论或解释图式（例如，"权力导致腐败"）	核心的事实、概念或者一个短篇阅读
一个高级的过程/策略，运用到许多重要的技能（例如，组织一次科学探究）	一个孤立的重要过程（例如，使用显微镜）
一个探究复杂问题的研究（例如，有关可持续能源的选择的网络探究）	只需要操练的基本技能（例如，用键盘打字）

4. 于你而言，重新设计一个新单元还是修改旧单元更加有效？有时候学习一个新方法，最有效的方式就是运用它设计一个新单元，像一张白纸一样，一切从头开始。但有时候，初次学习 UbD 的设计者发现，在原有单元的基础上运用新方法效果更好，因为他们对原单元很了解，只需要从 UbD 的角度重新组织即可。这两种方法都是可取的（当然，从一个不完善的单元工作起，你才有动力运用 UbD 来修改它）。

5. 学生哪些方面存在不足需要解决？通常标准测试或者区域/课堂测试可以反映出学生重大的问题，这个信息提供了有效的切入点。学生在实现关键目标方面是否有长期的不足急需解决？这可能是比较理想的时机来解决它们。现在的方法不起作用！为什么不尝试新的思路来解决顽固的问题呢？例如，许多教育者想要改善学生的批判性思维，因为测试结果和课堂观察都显示许多学生

（甚至许多优秀的学生）没有批判精神。所以为什么不重新设计一个单元，你可以以培养学生的批判性思维为目标，纳入一些学生经常弄错的核心内容，比如概括一篇文章、写一篇有说服力的论文或提出可靠的假设、解决不寻常的问题？图3.1提供了一些多年来我们经常遇到的"常见问题表述"，或许会对你确定设计方向有所帮助。

找出下方你认同的表述，然后根据你的选择构建单元目标。也可增加你自己的表述或者根据需要修改下方的句子。

你经常从学生的表现和行为观察出什么？

1. 学生的评估表现非常差，尤其是在考查深入理解和迁移能力的问题/任务方面。

2. 学生似乎根本不清楚我的课程重点，不清楚什么是主要内容，也不知道自己的主要责任。

3. 学生学习很被动，不会独立解决问题、提出问题以及批判性地思考。

4. 学生不理解我的最终目的是让他们获得理解，他们觉得自己要做的就是给出"正确"答案，认为学习就是回忆背诵的内容，并且认为我的工作就是"喂"他们，当我试着让他们论证自己的答案或者深入挖掘时，他们会很抗拒。

其他：

你觉得设计确实存在哪些问题？

5. 我们常常过度肤浅地"覆盖"内容（即使课堂上可能涉及一些有趣的讨论和经历）。

6. 我们的课程有很多"活动"，但经常缺乏使学习者明确的总体学习目标。课程有时候只是许多不同的、孤立的经验。

7. 在评估过程中，我们要求学生做了太多的"机械操练"，没有充分"深入情境"。评估方法缺少高级情境任务；测试主要关注布卢姆分类学的前两项：记忆、识别和归纳。

其他：

图3.1 常见问题表述

6. 有必要重新设计一个单元吗？对切入点的讨论或许已经使你感到有点担忧，无论有些看起来多么丰富。"我难道不应该在开始一个单元前，先澄清今年计划的课程及课程的目标吗？这样不是更加合乎逻辑吗？"

你乍一听我们的回答也许会很奇怪，但这要追溯到我们之前提及的关于逻辑成果和逻辑过程的关系。理论上说，你当然是正确的。单元必须逻辑上源自今年原有的课程大纲或课程目标，并源于今年与学校教育最终目标相联系的课程框架。但我们发现，对于 UbD 的初学者来说，从如此概括、抽象的角度出发，这虽然合乎逻辑，但不利于理解和改善单元设计。你先设计一两个单元，再完成 UbD 课程大纲设计或从幼儿园到高中的课程规划这些任务，这样或许会轻松有效的多。有关这个"宏观"课程问题的更多讨论，可以阅读《通过设计改革学校教育》（Wiggins & McTighe, 2007）以及《通过设计促进理解》（Wiggins & McTighe, 2005）的第 12 章。

只要能够证明你的单元重点符合现存的大纲目标、州级标准或者学校任务，就可以相信重新设计一个单元对你来说是完全可行的。对于那些坚持认为应该先考虑整个课程框架的设计者，我们强烈推荐其阅读《通过设计改革学校教育》（Wiggins & McTighe, 2007）的前三章，并翻阅《通过设计改革学校教育：ASCD 的一项行动工具》（Zmuda, McTighe, Wiggins, & Brown, 2007）里面从任务和长期大纲目标出发，反向筹划"宏观"课程方法的相关材料。

7. 是否可以先设计一节课？如果你只有设计普通课堂的简单经验，也许会担心其他方面。那么，单元设计除了帮助你规划传统课堂，还能提供什么呢？

也许如你所想，单元对课堂的意义与我们之前所说的单元和课程及大纲之间的关系正好相反。许多课堂太ового隘，目标分离零散，没有一致专注于获得持久的理解或者培养独立的表现能力。结果经常造成片段教学和短期学习。定义上的"单元"应该包含一系列意义丰富、相互联系的学习活动，这些活动可以激发一般短期课堂（通常联系不紧密）所没有的重要的智力成果。

不容置疑的是，以理解为目的的教育，其最基本的含义就是不只浮于表面，而要深入挖掘，不只是随意的内容覆盖。深入挖掘意味着我们要观察分析，从不同的角度看待同一个内容；许多课堂必然会有这个过程。

无论一个单元是否以一篇复杂的文本（例如，《萨拉平原和高山》或者《了不起的盖茨比》）、一个想法（例如，"水循环"或者基于"不可剥夺的权利"的民主思想）或者一个繁杂但有意义的任务（例如，一次精心制作的西班牙语角色扮演、一次关于运动规律的科学探究，或一次对某一历史事件的研究和展示）为中心，每天的课程教学都要连贯一致，致力于综合表现和成果的培养。教学连贯性要求整个单元的学习通过不同的、联系的、巩固的课堂教学来展开。

如之前所说，重要的是结果而不是开始。所以不必因为初始点而烦恼。就像商界有句话：放手干吧！从你觉得合适或好奇的地方开始——但要注意三个阶段设计的连贯性。

8. 教科书在 UbD 单元中的作用是什么？许多老师规划单元时，之所以方法不当，就是因为他们完全根据教科书的内容来设计。无论教科书质量多么好，这个方法也是不恰当的。为什么呢？因为教科书的单元内容都不是逆向设计的，例如根据你的目标、当地课程、学校任务要求、所在地区或组织的 K-12 目标来设计。就像一本非常大众的食谱，可以满足各种年龄、口味、身体状况、烹饪技能的厨师的需求，其只会提供普遍通用的烹饪方法，你必须根据自身的情境以及目前基本的"嗜好"来加以借鉴引用。注意教科书的如下几点特征：

◇教科书大多根据主题而不是迁移目标来编排。大多数教科书更像一本百科全书和电脑操作手册：其提供一整套完整的、符合逻辑的内容以及根据主题组织的零散活动。例如，历史教科书按照时间顺序；几何按照由定义、公理到定理的顺序。这些内容都没有做到布局整齐，并且直接帮助达成你的目标或提供最佳的方法来加以实现。

◇教科书普遍重视掌握知能，很少关注理解意义和学习迁移。这一特征在一般的评估办法（主要考查知识回忆和不同情境下的技能识别）和活动（极少要求学生质疑或深入思考）中较常见。即使你经常直接根据教科书开展课堂教学，仍可能要分别确定迁移和理解目标，并为其制订合适的评估办法和活动。

◇教科书未必适合课堂上各种学习风格、兴趣和能力的学生。虽然许多教科书的思想和内容考虑到差异性问题，然而这种现象还是普遍存在的，并不能完全适应课堂上的各种情况。

教科书至少应该作为目标资源为单元设计服务，而不应该成为课程大纲。同时，你设计的单元必须能够达到为学生制订的预期学习结果，并且只需要参考教科书中的相关内容。

9. 我更倾向于模板中的哪一个切入点？如之前的概述所说，无论 UbD 模板的布局如何，你也许会发现根据自身的兴趣和背景选择切入点更加合适高效。图 3.3 给出一些提示性问题来帮助你思考切入点。

🖰网上可以获得各种供单元设计使用的空白表（从表 3.4 到 3.10），以及一系列更加具体的表格，指导你如何运用各个模板的切入点（内容标准、重要主题、重要技能、核心文本、最喜爱的活动以及核心测试）。

有关本模块观点的更多信息，请参见：

《通过设计促进理解（第二版）》(*Understanding by Design*, 2nd ed., Wiggins & McTighe, 2005)，第 11 章横向讨论设计过程（但是，注意这里主要讲的是模板的早期版本）。

《通过设计促进理解：专业发展实例》(*Understanding by Design: Professional Development Workbook*, McTighe & Wiggins, 2004)，包含导入性作业单和练习。

参考文献

McTighe, J., & Wiggins, G. (2004). *Understanding by Design: Professional Development Workbook*. Alexandria, VA: ASCD.

Wiggins, G., & McTighe, J. (2005). *Understanding by Design* (2nd ed.). Alexandria, VA: ASCD.

Wiggins, G., & McTighe, J. (2007). *Schooling by Design: Mission, Action, and Achievement*. Alexandria, VA: ASCD.

Zmuda, A., McTighe, J., Wiggins, G., & Brown, J. (2007). *Schooling by Design: An ASCD Action Tool*. Alexandria, VA: ASCD.

1. 一个现实生活中的迁移目标

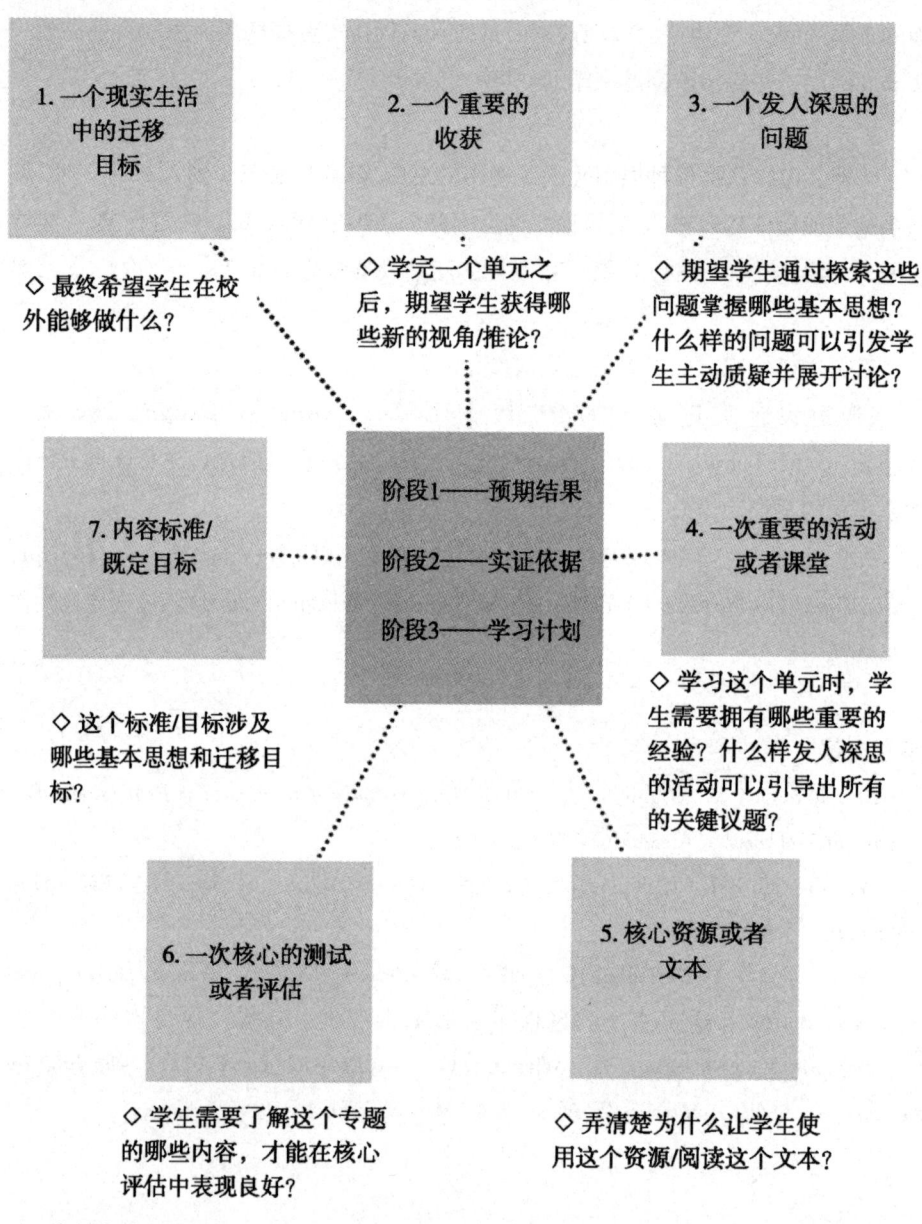

◇ 最终希望学生在校外能够做什么？

2. 一个重要的收获

◇ 学完一个单元之后，期望学生获得哪些新的视角/推论？

3. 一个发人深思的问题

◇ 期望学生通过探索这些问题掌握哪些基本思想？什么样的问题可以引发学生主动质疑并展开讨论？

7. 内容标准/既定目标

◇ 这个标准/目标涉及哪些基本思想和迁移目标？

阶段1——预期结果

阶段2——实证依据

阶段3——学习计划

4. 一次重要的活动或者课堂

◇ 学习这个单元时，学生需要拥有哪些重要的经验？什么样发人深思的活动可以引导出所有的关键议题？

6. 一次核心的测试或者评估

◇ 学生需要了解这个专题的哪些内容，才能在核心评估中表现良好？

5. 核心资源或者文本

◇ 弄清楚为什么让学生使用这个资源/阅读这个文本？

资料来源：© 2004 ASCD. 版权所有。

图 3.2 多种模块切入点

模块 4

开发初步的单元草稿

目的: 运用逆向设计的三个阶段设计一个初步的单元草稿,并侧重于预期的学习目标,而不只是简单的内容覆盖或者教学。

预期学习结果: 单元设计者能够了解如下几点:

◇运用三阶段来起草一个单元,可以使设计者快速了解逆向设计的逻辑及其好处;

◇运用逆向设计的模板可以使设计者高效检测单元的连贯性,这对所有优质的单元设计都至关重要。

单元设计者将能够:

◇运用逆向设计的三阶段来起草一个新的单元(或者列出已设计的单元的主要元素);

◇根据整个三阶段来检测单元的连贯性。

单元草稿的最终成果将以简洁的三阶段的方式呈现。

如果你对逆向设计的过程不是很熟悉或者才接触《通过设计促进理解》,请认真研读模块 4。如果你是一个倾向于整体性、喜欢一次性设计完整个单元的设计者,根据模块 4 来设计单元初稿或许更适合你。

如果你对逆向设计和 UbD 模板很了解,可直接略读或跳过模块 4。如果你更倾向于按部就班的设计过程而不是先整体设计一个单元再重新完善,那么也许可以直接阅读模块 5。

本模块我们主要针对如何快速地起草一个单元。无论你是从已有的单元开始还是重新设计一个新的单元，最终目标都是运用逆向设计的三个阶段设计一个简要的单元草稿（不同于模块 2 中描述的更加具体的 UbD 模板）。

下面的三个问题体现了设计过程的基本逻辑思路（在 UbD 单元设计的三个阶段中有所体现），前面的模块已经有所提及：

1. 在我设计的单元中，长期目标和短期目标分别是什么？
2. 什么样的证据可以充分证明学习者已经掌握这些预期的结果？
3. 什么样的学习活动最有利于达成这些预期结果？

图 4.1 是根据逆向设计起草的一个以营养学为主题的初步单元草稿，在后续模块中，我们将依据 UbD 来进一步完善这个单元。

单元主题：营养　　科目：健康和体育　　年级：5　　课时：4 周
阶段一：预期结果
本单元主要介绍营养学的基本概念。学生将认识各种食物并了解其营养价值，明白平衡饮食所需的 USDA 食物结构金字塔，清楚营养不良导致的各种健康问题。同时，他们还要学会阅读食物标签上的营养信息。
阶段二：实证依据
将通过随堂测验、期末考试来检测学生是否已经掌握了营养学知识、记住具体的营养学词汇、能够辨别食物的种类、看懂食物结构金字塔。
阶段三：学习计划
主要的学习活动如下： ◇学习并记忆营养学词汇 ◇阅读健康教科书中的《营养学》章节 ◇学习 USDA 食物结构金字塔和食物种类 ◇观看《营养与你》的视频 ◇班级共同制作一本食谱 ◇听一场嘉宾（营养学家）的讲座 ◇学习阅读食物标签上的营养学信息 ◇为班级宴会制作一份健康的菜单 ◇参加单元小结测试

图 4.1　营养单元的简要三阶段

设计任务：根据营养学的单元示例以及我们对此作出的评估，用三阶段的模式设计一个新的单元（或者列出已设计的单元的主要元素）。不要太具体，只要根据下方的一些问题简单列出主要目标、评估办法以及主要的学习活动：

◇阶段一：（短期和长期）学生在本单元应该学到什么？

◇阶段二：什么样的评估办法可以证明学生已经达到阶段一的目标？

◇阶段三：什么样的重要学习活动可以帮助学生达到目标并且在评估中表现优异？

既然你已经开始着手设计初稿，我们将进一步具体地阐述逆向设计的每一个阶段。但是，如果你目前为止对自己的设计初稿非常满意，并且已经理解了三阶段的基本逻辑思路，也许你现在想直接阅读其他任一模块。否则，你就通过本模块继续具体细致地探索每一个阶段。

阶段———预期结果是什么

有句俗语说："如果你不知道最终要去哪儿，那么结果会是东游西逛，漫无目的。"这一说法和逆向设计的思路正好相反。如前面所说，最终的"目的地"必须是关于学生的变化——学习本身所要追求的东西（也就是，学生的输出）——而不是关于内容或者你的行为（也就是，教师的输入）。一个教学设计是否有效，关键看其是否从教学的预期目标出发逆向思考，这样才能使学生学会应用所学的内容。然后，你才更有可能知道达到这些目标的教育路径（避免简单的内容覆盖或者单纯的活动导向）。

所以你不能简单地说："我想让我的学生学习某一部分"或者"我想让他们理解《罗密欧和朱丽叶》"。这些说法只是阐述了将要教授的内容，并没有指出学生通过这些，具体能够学到些什么或者说将来能够做到什么。这两个"我想……"的句型都没有阐明学生学完这个单元之后有哪些学业表现。

下面是一组虚构的两个教师之间的对话，进一步强调从"学"出发逆向设计的重要思想，而不仅仅从"教"：

你的单元讲了什么？

宪法以及政府的三个组成机构。

单元的预期结果是什么？

想让学生理解宪法以及政府的三个组成机构。

不，你只是讲了主题。你想通过这个单元让学生学到什么？

理解政府的三个组成机构以及它们的不同功能。

我想我还没有表达清楚，你刚刚回答的仍然只是主题。我想问的是，学生在学完宪法以及政府的三个组成机构，脱离单元之后，能够理解什么？将来能够做到什么？

这个问题我也不清楚。他们至少应该知道宪法的所有关键性事实。

但是这真的只是你唯一的目标吗？你教这些事实的目的是什么？他们通过那些事实可以获得什么？在现实生活中，他们运用这样的事实能够发现什么以及能够做到什么？

嗯……我想如果你这么问的话，我也不确定怎么回答。你不是只让我列出三个组成机构的具体"内容"，是吧？

不。我问的是有关教学的作用。如果他们真的理解了这些内容，那么就能够发现和做到什么不一样的东西？也就是说教这些内容的目的是什么？

哦，我现在明白你的意思了。你看看这个行不行："我想让学生明白，我们目前的政府构成可以避免任一机构拥有过大的权力，因为现在的权力腐败问题比较猖獗。"

好的，那么理解这些有什么意义呢？

嗯，这样的话，相互之间就有权力的拉扯，机构之间可以不断地限制相互的权力。我想让学生意识到很久以前确立的政府构成方式对我们现在的每一天仍然有影响。例如，我想让学生理解为什么最高法院的决定可以制约国会的行动，或者为什么总统可以否决拟议的立法，以及两党为什么不赞同这些权力的使用方式。

嗯，现在就是以理解作为最终目标了，这就是我一直想要的答案，也就是你必须以理解为目标进行逆向设计，而不是根据那些事实。

发现不同之处了吗？你不应该仅仅从一系列的知识目标出发，而应该从这些非常有意义的"熟食"出发逆向设计。简言之，一项研究的目的仅仅是"学习知识"，这一说法是不正确的。学习知识确实是最终获得重要智慧的途径，例如学习者通过不断地学习有意义并且有用的知识获得新的视角和能力。

以学习者在思想和行动上的变化为目标进行逆向设计，对此设计者需要一段适应的过程。因为我们已经习惯于只考虑学习内容和活动的短期目标，所以有时候不会去考虑一些简单的问题：为什么我们先教这个内容？先教这个内容的长期收获和基本收获分别是什么？学习这些活动和内容，学习者现在和将来分别能够做到什么？如下几点可以帮助你，根据学习内容轻松地确立理解和迁移目标：

◇如果这就是要学的知识，那么你想要学生学完之后对此获得什么样的理解呢？

◇如果这就是要掌握的技能，那么获得什么样的理解才能使学生更好地应用它呢？

这样的思考方式不仅仅要求你挑选和教授有价值的内容。UbD 的一个根本前提就是任何单元的长期性预期目标并不只是达到一系列内容目标（尽管这可能是单元教学目标的一部分）。如果你想让学生掌握一两个技能，原因是什么？如果你想让他们学习一些单词、日期或者其他事实性知识，目的是什么？简言之，学习这些特别的技能或知识可以帮助你达到什么样的长期目标、获得哪些真实经验、完成哪些任务？这些才是你教授知识和技能的最基本目的。

预期的技能结果

下面是另一段有关技能目标的对话：

那么，你的单元讲了什么？

制作数据图表。

学习这些技能的预期结果是什么？目的是什么？

学会制作数据图表。

不对，那是一种技能。我是问学习这种技能的目的是什么？

你指的是？

如果一个单元主要学习一种技能，那么学习这种技能的目的是什么？意义是什么？学了这种技能以及相关的一些其他技能之后，能够使你完成什么比较重要的任务？什么样的迁移任务需要运用这样的技能？

噢，我明白了。我的目的是使学习者发现不同的视觉呈现方式如何帮助人们理解潜在的数据信息，并看出不明显的图式。我还想让他们明白，各种呈现方式更适合哪种数据分析和用途。我希望学生不仅能够看懂数据图表，还擅长于制作符合不同情况的图表。

再次强调，注意逆向设计方法的根本思路：理清视觉图表的重要理解目标以及技能目标，然后教师就能更好地计划好如何教以及怎么评估。还有一点不是非常清楚但很重要的是：上面的对话中，教师对教学目的的新的阐述会极大地影响到阶段二的评估方法和阶段三的教学方式。

长期的理解性目标如何影响短期的内容教学和评估

长期的理解性目标会影响你如何处理短期的知识和技能的习得目标。也就是说，因为单纯的死记硬背并不是长期的目标，所以只是教授和检测短期记忆性知识这一教学活动并不足以达到理解性目标。

让我们通过驾驶课程的示例（模块2曾使用这个示例来帮助你更地理解UbD的思想及其模板）来了解，长期的理解意义和迁移性目标是如何影响短期的知识和技能教学规划的。驾驶课程必须以学生能够在真实道路上顺利驾驶为目标进行逆向设计，而不能从一系列零散的知识和技能目标出发，并且教师的"覆盖"和学习者的"操作"还相互分离。真实表现目标不仅会影响学习时间（非常有限）还会影响到学习方法。如果目标仅仅是通过纸笔测试拿到一个证书，那么教师只要讲授、阅读并检测就可以了；但这里的任务是：在非常短暂并有限的时间里，把新手训练成一个足够自律的、经验丰富的、独立的司机——运用知识、技能和真实情境下的理解力。

注意驾驶课程这一类比的示例，然后思考你的单元核心内容里面与之相对应的迁移目标——即使你已经习惯只关注与"内容"相关的零散思想和知识。你的单元里面和"能够顺利驾驶"——能够有效地运用核心知识和技能实现理解——相对应的迁移目标是什么？下面的两个提示性问题也许可以帮助你进一步理清，传授一些技能的目的到底是什么：

◇ 获得什么样的理解才可以有效地运用这一技能以及其他一些相关技能？
◇ 什么样的任务或者情境下需要有效运用这个技能或其他相关技能？

询问目的的问题

我们也可以通过问一个不同的问题（经常使学习者感到困惑的问题）来重

新理清预期的结果：教这些内容的目的是什么？学习这些内容最终使我能够做到什么或者获得什么重要的东西？

许多问题可以用来澄清一个单元的教学目的：

◇学习这个单元的目的是什么？有什么作用？
◇教授这个单元的意义是什么？为什么这些内容很重要？
◇这个主题非常重要吗？非常有趣吗？
◇这个科目吸引你吗？吸引学生的注意力吗？

或者，考虑下方这些学生普遍持有的疑问：

◇我们为什么学习这个？
◇现实世界中有谁曾运用过这个内容来完成某些重要的事情了吗？
◇学会这个内容最终能让我们在现实世界中做到什么？

学生应该弄明白这些问题。学生了解自己的学习目的可以增强专注度和参与感。况且对于一个好的设计，教师了解这些问题可以避免盲目地覆盖教材内容。因此，设计者回答年长学生提出的这些询问目的的问题，可以进一步明确阶段一的目标。而且，也许你已经发现，这些问题的答案都是迁移或理解性的一个目标。

在考虑底线时，你会问："学习者最终运用这个内容和相关重要内容，可以做到什么？"学校教育的目的不仅仅是传授某些东西或者在学校中表现出色，而应该使学习者以这样的方式学习：（1）掌握所学内容的重要意义；（2）能够在将来顺利运用这些学习内容——在其他的课程学习中以及课堂之外的生活中。

先不用担心单元的具体细节，只要考虑好单元目标，比如最终预期学生能够获得的能力。尤其要避免仅仅从相似的活动或课程出发确立单元目标（除非列出这些内容可以帮助你想出更加宏观的景象或者目标）。

阶段二——什么样的证据可以证明达到了单元目标

逆向设计的第二阶段要求单元设计者以评估者的身份来思考预期的结果是否已经达成。假设你的目标已经达成，什么样的情况可以使你相信真正的学习的确发生了？怎样具体的证据可以证明你达成了预期的目标？怎样具体的评估任务最能检验你的总体目标是否已经达成？ 这些只是同一问题的不同问法， 但都是考虑评估办法的可靠性——也就是， 确保阶段二的评估办法和阶段一的目标保持一致（ 在模块 7， 我们会更加深入地研究可靠性 ）。

在考虑各种目标的评估办法时， 你可能比较喜欢检测知识和技能的评估办法， 因为这些检测方法你都非常熟悉。 例如， 如果你想了解学生是否记住乘法口诀表或者化学符号， 常见的考试题型（ 例如， 选择题、 配对题、 判断题或者填空题） 或者直接在课堂上提问都可以有效证明是否已经准确记住或者简单"匹配"。 检测是否已经熟练掌握某项技能（ 例如， 画出一个人的侧面或者正确算出总和） 只要简单演示一下这样的技能即可。 简言之， 对知识和技能的检测， 我们只要求准确性； 也就是说， 当需要的时候， 学生是否能够准确地回忆出这些事实或者运用这种技能。

但评估学生是否获得理解和上述方法有很大不同， 而且和评估内容掌握的方法相比， 更加具有挑战性。 我们从哪里可以看出及看出什么， 可以表明学生已经真正理解他们回忆出的内容？ 我们如何判断他们是否已经获得一点理解或者能够对学习内容建构新的意义？ 什么样的证据可以使我们自己信服， 他们已经理解学习内容， 并且能够迁移所学内容（ 不同于只是简单地从记忆中找出相应的知识和技能）？ 实际上， 这个问题可以用问句的形式表达： 什么可以证明获得了真正的理解？ 学生也许知道正确答案； 但这意味着他们知道为什么这是正确答案以及知道可以正确应用到什么地方吗？

通常如前面所说， 这几方面可以看出学生的理解程度：（ 1） 释义——用自己的话——他们作出了什么推论以及为什么作出这样的推论（ 通过给出准确的证明和理由）；（ 2） 将所学应用到新的情境中（ 即迁移）。 因此， 至少在阶段二中， 我们需要能够检测释义和应用的评估任务。 学生不仅要给出答案， 还要给出理由， 并且他们应该能够将最近所学的东西应用到新的相关情境中去。

理解＝自我提示

对理解意义和迁移的评估更加复杂了。 上文我们被问及学生是否可以正确回答与知识或技能相关的问题， 但这并不是我们所指的理解， 不是吗？ 我们希望学生获得理解之后能够自己意识到什么时候应用哪个事实和技能——在没有直接告诉他的情况下。换言之，理解要求学生能够从自己所有的知识和技能存储库中自我提示和筛选。无论是面对一个全新的考试题还是一个看起来不是很熟悉的现实问题（比如在开车时应对不同的道路状况），如果我们知道这个问题考查的是什么并且可以正确地应对突发的状况，这才可以证明我们真正理解了学习内容。现实世界中不会再有老师或者作业单来建立支架、给出提示或提醒我们接下来要做什么。如果一个人需要不断地提醒自己"此时此刻"具体要做什么，那么我们就不能说他已经真正理解这个学科。

因此判断是否理解要求注意两点：不仅要看学生是否可以得出结论并成功迁移，还要看他们在只有最细微的提示、线索及指导建议时，是否可以正确释义并成功应用。

⊃设计建议：在设计阶段二，注意最基本的目标是让学生学会知识、技能并获得理解之后能够自主有效地加以应用。也许你可以直接在以前的单元设计稿中添加上述的语句，加以强调并提醒自己这才是真正的目标（阶段一），因而评估办法（阶段二）应该与之相对应。例如：

◇阶段一：学生应自主地迁移所学……
◇阶段二：任务应要求学生自主识别……或应用……或释义……

评估＝可靠的证据，而不只是形式

在设计评估办法时我们常犯的错误是首先考虑评估方式，认为这是唯一重要之处。"嗯，你问我评估办法是什么？哦，我会让他们写一篇论文，关于……"等等！阶段二的问题不是问这个，要先考虑阶段二的问题再着手你说的方面。除了评估办法，我们想要的是什么？无论运用什么样的评估方式，我们关注的是什么样的证据可以证明学习者已经理解学习内容。

学生是写一篇论文、做一个演讲、开展一个项目还是画一幅立体模型都不是设计的重点，重要的是发现什么样的证据可以证明学生已经真正理解并可以应用学习内容，以及什么样的证据可以显示学生还没有获得理解。一旦已经考虑好上述这些问题，选择评估方式和特定任务就显得轻松高效得多。下面是另外一段对话，揭示容易混淆和犯错之处：

你的预期结果是什么？

让学生理解线性关系。

那么你打算在阶段二做什么？

我们将做一份线性关系的课堂测验。

不，我问的不是这个。你想通过课堂测验发现什么？不管你是让学生写一份多项选择的试卷还是依据开放式问题来写文章，什么用来证明"已经理解线性关系"？

看他们在做随堂测验的试题时，回答正确还是错误。

是的，但是哪些问题最能表明学生已经理解或者还不理解呢？这才是我所指的评估性问题。对你来说，什么样的评估办法可以证明他们已经获得理解？

哦，他们能够画出 $y=3x$ 这样的函数图。

等等。难道没有人可以在还没真正理解线性关系的状态下，只通过上课认真听讲就能做到吗？

嗯，我是这样认为的。

好，那么回到基本定义部分：他们应该解释或应用什么来向你证明他们已经真的理解线性关系了呢？

嗯，如果你这么问的话，我好像把技能目标和理解目标混淆了。在有些情况下你完全可以画出那个函数图，即使你并没有真正理解为什么这种关系下就会形成这种图，以及这种图或者其他的图真正意味着什么。

是的，如果他们想要向你证明自己已经理解线性关系，那你通常需要他们做什么？

他们可能要解释为什么我们叫它"线性"关系，并意识到这个关系的本质是两个事物之间总是有一定的比例关系——这就是为什么函数图应该是一条线。他们还必须能够解释线性关系和非线性关系两者之间的不同，并告诉我们如何判断某些数据是否具有线性关系。

就是这样！你有没有明白为什么这样的分析对开发可靠的评估办法很重要？

是的。这会让我认真思考我的目标是什么，然后考虑什么样的测验可以检验这些目标；问题并不只是问我有关画函数图或分析函数图的技能，还要明白为什么会这样以及有什么意义，只有真正理解了的人才能做到。

非常正确！这就是你保证评估办法可靠性的方式，即根据阶段一的目标及其意义，逆向设计来考虑需要的证据。

⊃设计建议： 确定预期结果和有效的证明比决定具体的评估办法要重要得多。 为了达到成为一名出色的演讲者这一目标， 可以采取不同情境下（正式的与非正式的； 学术的与社交的） 多种可能的任务（例如， 一次正式准备的演讲； 即兴对话； 讨论）。 复杂之处不是确定阶段二具体的任务， 而是首先考虑好所有必需的证明条件， 然后可以根据所有的这些条件来确定具体的评估办法。 就是说， 我们期望从同样重要的目标出发构建包含不同评估任务和情境的单元。

可以用接下来的例子将证据和任务进行类比。如果目标是成为一名"杰出运动员"，那么可以将十项全能运动——十种不同的运动作为任务，如果表现优异，则可以证明运动技能非常优异。

阶段三——基于目标和证据， 如何实现这些结果

现在是通过应用逆向设计的阶段三来完成单元草稿的时候了。如果你已经确定目标（阶段一）和需要的证据（阶段二），那么什么样的学习活动最合适呢？什么样的教学可以达到这些目标呢？什么方法最能激发学生学习，使其表现优异并达到目标呢？逆向设计逻辑上是保持一致性的：如果……那么……。如果这是目标，那么什么评估办法和教学活动与之相对应？

例如，如果目标是使学生成为一名更警觉的司机，并且评估办法侧重考查学生在某些状况下开车时，是否表现警觉，那么接下来应该开展什么样的学习和教学活动呢？他们如何才能更好地掌握知识和技能，并理解如何在真实道路上谨慎驾驶呢？

但是如果学习奏效的话，我们得注意理解意味着自主。设计所有的学习规划都要以实现理解意义和学习迁移的目标为根据。因此学习者能够不断地自主应用所学。教学应不断减少引导、线索或其他形式的脚手架和提示。也就是说，如果一个学习者总需要别人的提示来判断应该应用什么内容、需要做什么及怎么做，

那么这个学生在完成需要独立推断和应用的任务时表现较差，我们对此也就不必感到惊讶了。

批判性思维也同样如此：如果目标和评估办法分别是对批判性思维的培养和检测，那么应该如何设计与之相对应的教学活动呢？这是教育研究中一个非常重要的问题。许多教师没有意识到自己并没有真正培养学生的批判性思维，仅仅是期望这个效果的发生。更糟的是，当课堂仅仅强调回忆，学生就不需要运用批判性思维来获得学业上的成功；因此，课堂就陷入了传统的教学和评估办法的泥沼之中。

即使从理论上讲，我们的论证是符合逻辑的，但此处强调的重点并没有受到足够的重视。教师常常喜欢运用自己感到习惯和熟悉的学习活动和教学方法，而忽略了这些教学方法是否能够最大限度地达到预期的单元目标。下面的对话提醒我们，多么容易将熟悉的教学方法和需要的教学方法相混淆：

那么，你的单元目标是什么？

使学生通过不同地区来真正理解我们国家的益处。

好，那你将如何评估他们是否理解呢？你将用什么证据来证明他们已经理解了呢？也就是说，你要评估什么？

我将要求他们口头或用纸笔解释我们区分美国不同地区的方式的优缺点。

那么关键的教学活动是什么？

嗯，这都依据我们的社会研究教科书。学生将阅读关于东北部、东南部、中西部、西南部、西部和西北地区的文章并描述上述各个地区的主要特点。

但你不觉得少了点什么吗？这对他们评判地区的分类方式有什么帮助呢？只阅读文本如何能够达到你想要的理解目标并提供证明呢？

哦，我知道问题在哪了。他们也许只会知道不同地区，如果书本没有像我们那样讲解区分地区的方式的优缺点的话，那么然后怎么办呢？嗯……或许我必须得组织一些辩论活动或者帮助学生做一些研究，例如，关于密苏里州在中西部还是南部，历史学家和地理学家是如何改变他们的想法的。

这里必须牢记并不断思考的一点是：当我们确立重要、长期、高级的目标时（例如，防御性驾驶、批判性思维），必须仔细思考怎样"设计"才能帮助学习者实现这些目标，即使专注于掌握内容，在一开始会使我们倍感压力或者采用当前的教学方法使我们感到舒心省事。

逆向设计的一致性："两个问题"测试

如前文提及，逆向设计要求单元设计时各个关键元素逻辑上必须保持一致性。阶段三的内容必须和阶段一与阶段二（逻辑上）保持一致；阶段二的评估办法必须逻辑上源于阶段一的目标需求。针对这个观点，比较简单的操作方法就是在你自己的模板设计草图上手动将三阶段的要素联系起来，并连线确保学习和评估与所有的目标保持一致。

对一致性的检查工作不是一蹴而就的。在设计时面临的一个挑战就是避免说："好，这个阶段完工——下面继续。这一部分就不用再看了。"就不再不停检查后期的工作如何影响到前期的设计了。"嗯，既然已经回顾了所有的课程和学习活动，我设计的评估办法合适吗？"或者"鉴于目标是获得理解，我是否制订了足够正确的学习活动？"为了保持一致性，建议设计者使用"轮式循环"的办法检查章节的关联，替代简单的脑力检查。这种自我评估对有效设计单元、课程和课程规划至关重要。

具体而言，设计任何评估办法和学习活动都必须通过"两个问题"测试的考验，该测试是逆向设计一致性的核心体现。

下面是第一组问题：

◇当学生还未真正掌握或理解问题涉及的内容时，是否有可能在评估方面仍然表现良好？

◇当学生已经掌握了问题涉及的内容时，是否有可能在具体的评估项目中却表现不好？

如果上述的任何一个问题是肯定回答，那么阶段二的评估办法很有可能和起初设计的阶段一的理解目标不一致。

接下来是第二组问题：

◇当学生还未真正准备好解释/证明/推断某种意义，或根据阶段二的评估要求迁移所学内容时，是否可以完成所有设计的学习活动？

◇当学生能够解决阶段二中要求高级推理和其他理解意义技能的任务时，是否会无法完成阶段三的所有设计活动？

如果上述的任何一个问题是肯定回答，那么阶段三的教学活动很有可能和阶段一的目标以及阶段二的评估方式不一致。

思考一个有关一致性/可靠性问题的真实示例，以中学的一个社会研究单元为例：

阶段一：目标——学生能够从政治、经济和军事史实的角度理解内战的起因和影响（这是一个州标准）。

阶段二：提出真实评估任务——学生将根据内战的一场重要战役建构一幅立体模型，并能够对此做一个口头报告。

接下来完成两个问题的测试：

◇当学生还未真正理解内战的起因和影响时，是否有可能出色建构一幅立体模型并清晰地做一个报告呢？

◇当学生已经真正掌握内战的起因和影响时，是否有可能难以建构一幅立体模型或清晰地做一个报告呢？

显而易见，从这个测试可以看出，提出的真实评估任务并不可靠：因为两个问题都有可能是肯定回答（实际上，只通过一种评估方式几乎不足以证明学生已经对起因和影响获得深入的理解）。

下面的示例通过常见的小测验直接揭示上述的问题：

阶段一：目标——学生能够理解分数和小数只是同一数量的不同表现方式，具体何时及为何使用视功效、情境、目的和受众群而定。

阶段二：提出的真实评估任务——涉及回忆和填空的随堂测验，考查学过的简化和转换分数和小数的算法。

接下来完成两个问题的测试：

◇当学生还未真正理解分数和小数只是同一数量的不同表现方式或者在现实世界中并不知道何时及如何使用不同的数学表达形式时，是否有可能在随堂测验中表现优异呢？

◇当学生已经真正掌握何时及为何使用分数和小数时，是否有可能随堂测试表现并不好呢？

显而易见，此处的随堂测验也未实现"测试"的一致性（假设随堂测验是仅有的评估方式）。我们将需要更加直接的证据证明学生是否已经理解等式，并知道何时选择何种形式并给出理由。尝试从这个角度检查你自己设计的评估方式并根据需要加以调整。

"两个问题"测试适用于任何指定的目标和评估设计方案，以此进行自我评估甚至是简单测验的命题都是不错的选择。但得出的结果必须可靠；也就是说，测验结果的好坏能够真实反映出目标有没有实现。

阶段一、阶段二和阶段三最终必须保持一致。你什么时候或者多久检查一次三个阶段的一致性并不重要，但你必须根据多次细心的分析确保所有阶段最终都相互联系一致。这就是为什么设计标准和模型要作出这样的安排——为了提醒我们在思考时忽视的部分。要注意的是你必须经常调整设计，所以你越是经常警醒自己对一致性进行自我评估，最终的设计成果就越优质。

对起草和自我评估一个单元草案的结论是：设计一个优质单元，最重要的一点是要明白重点是什么，并了解如何确保体现重点。好的教学并不是完全依照长长的一列清单，并希望都能在长期的学习中得以实现并保持连贯一致，而应该提前规划，优质的规划需要理清目的以及实现这些目的的方法。

自我评估——回顾模块 4 的标准

根据下方的自我评估问题检查你的单元草稿并按需调整：
◇阶段一的学习目标是否有价值并阐释清楚？
◇这些目标是否给指定内容的教与学提供了有说服力的原理和动机？
◇阶段二的评估方式是否能够有效证明阶段一的所有目标？
◇阶段三是否给出必需的学习和教学活动，并与阶段一和阶段二保持一致？

本模块的其他在线资源还包括下面的提示作业单，可以帮助你编辑初步的单元草稿：表 4.2 各阶段简要模型；表 4.3 "如果……就……" 作业单；表 4.4 我的单元重点是什么。

有关本模块观点的更多信息，请参见：
《通过设计促进理解（第二版）》(Understanding by Design, 2nd ed., Wiggins & McTighe, 2005)，第 1 章具体讨论逆向设计；第 3 章重点关注目标的澄清；第 8 章进一步讨论内战的立体模型示例及"两个问题"的测试（见 180—190 页）。

《通过设计促进理解：专业发展实例》(Understanding by Design: Professional Development Workbook. McTighe & Wiggins, 2004)，170－180 页是一个关于内战示例及"两个问题"可靠性测试使用情况的前后应用对照版本。

参考文献

Bloom, B. (Ed.). (1956). *Taxonomy of Educational Objectives, Handbook 1: Cognitive Domain.* Chicago: University of Chicago Press.

Covey, S. R. (1989). *The Seven Habits of Highly Effective People: Restoring the Character Ethic.* New York: Simon and Schuster.

Gagné, R. (1977). *Conditions of Learning (3rd ed.).* New York: Holt, Rinehart, and Winston.

McTighe, J., & Wiggins, G. (2004). *Understanding by Design: Professional Development Workbook.* Alexandria, VA: ASCD.

Tyler, R. (1948). *Basic Principles of Curriculum and Instruction.* Chicago: University of Chicago Press.

Wiggins, G., & McTighe, J. (2005). *Understanding by Design (2nd ed.).* Alexandria, VA: ASCD.

模块 5

不同类型的学习目标

目的： 区分不同的单元学习目标（迁移、理解意义、知识、技能），并起草一个完成的阶段一内容。

预期学习结果： 单元设计者能够了解如下几点：

◇UbD 单元包含四种不同的学习目标：迁移、理解意义、知识和技能；

◇UbD 的单元设计中，每一个目标都对评估方式和教学活动有特别的影响；

◇如果没有意识或区别这些不同目标，会引起"覆盖"教学问题的出现，并导致学生无法迁移所学内容（导致结果较差的一个重要因素）。

单元设计者将能够：

◇通过区分四种类型的目标来优化模块 4 的单元草稿（或者如果没有经历模块 4 的过程，则在单元设计时提出四种不同类型的目标）；

◇最终的单元草稿将包含阶段一的所有元素：迁移（T）、理解（U）、核心问题（Q）、知识（K）和技能（S）。

单元草稿的最终成果将以简洁的三阶段的方式呈现。

如果你对"理解性"（迁移和理解意义）目标和传统"内容习得"目标（知识和技能）之间的区别不是很了解，并且对核心问题也不熟悉，请认真研读模块 5。

如果你对 UbD 完整模板中的四种不同类型目标都很熟悉，并知道其对评估方式和教学活动的影响，可直接略读或跳过模块 4，也可浏览接下来的任一模块。

优质单元设计的重要品质之一就是具体澄清本质不同的目标，虽然有时容易混淆。在本模块，我们重点关注构成整个模板的四种不同教育目标（但在实际操作中，经常相互联系）——知识、技能、理解和迁移——的区分，并思考除了模块2介绍模板的内容之外，其对单元设计还有哪些重要意义。然后，我们将进一步讨论构成UbD单元的核心问题及其作用。

阶段一——预期学习结果

读者对"知识"和"技能"这两个术语非常熟悉。"知识"指掌握事实、定义和基本概念（陈述性知识）；"技能"指能够熟练操作某一动作或过程（程序性知识）。正如模板的小标题所写，这两个目标都属于习得。两者之间有明显的不同之处：你也许清楚电钻和锤子的不同之处，但并不知道如何使用它们；另一方面，你也许知道如何使用一个圆头型锤子，但却忘记这种锤子叫作什么。

那么以理解为目标是什么意思呢？知道许多东西和真正理解又有什么区别呢？达到什么程度的理解才能做到真正的熟练呢？理解、技能、理解意义和学习迁移这四者之间有什么关系？一旦我们思考它们之间的区别和联系时，这些问题经常会困扰我们。

针对模板的构建基础——模块1初步练习中出现的"理解"或"获得理解"术语，让我们梳理一下其所指的不同意义。对于许多设计者来说，当描述什么是理解时，他们的脑海中便会考虑"真正获得理解"的学生能够：

◇作出有效的推断，将事实建立联系，并用自己的话阐述结论；

◇学以致用；也就是说，能够灵活准确地将所学应用到新的情境中。

如你所见，在UbD的完整模板中，这两种意义在阶段一的顶部具体有所体现。我们将推断和联系（理解）与将已有知识应用到新情境中（迁移）加以区别；这两者都不同于知识和技能。什么使得这些区分有意义而不只是语义上的区别呢？它们对学习和评估的影响。

在极少接受教师帮助的情况下，学生能够建立联系并获得重要的理解时，他们自己已经能够理清事实、数据和经验是如何联系、拓展或者说如何关联的。如布卢姆教育目标分类学中的高级水平所示，人们获得理解之后就能够分析、综合并独立评估不同信息和情境，而不只是回忆先前所学并对号入座。并且，人们获得理解之后，在面对涉及知能和理解的新的智力挑战与情境时，能够准确提取所学知识并有效运用。

让我们来重新回顾驾驶课程的示例，进一步加深对四种目标之间的区别和联系的理解。（你也许想回到模块2的表2.2，重新回顾驾驶课程示例的阶段一）仅仅掌握零散的技能，如刹车、转弯等，抑或只了解道路规则（属于习得目标）还并不足够。学习者必须对各种道路状况的驾驶需求有一个普遍的了解，并能够内化"防御性"驾驶的概念（理解意义）；他们还必须能够独立自主地应用自己的理解、技能和知识来应对各种不同的真实道路状况——学习迁移。

注意，虽然知识和技能是建立联系和应用的前提，但其并不足以帮助我们达到最终的理解或迁移目标，实现长期目标，能够独立、安全、娴熟地开车。学习者知道许多零散的知识，但还无法有效预见流畅驾驶的整体景象，或者还无法有效将其应用到具体情境之中。理解意义和学习迁移不同于掌握知能，其需要不同的学习和教学策略（以及不同的评估方式）。

为了证明这些分类的价值（也就是说，帮助你确立理解意义目标）及帮助你更好地分析单元目标（也就是说，帮助你设计单元的迁移任务），让我们从不同的学习主题来分析这四种不同类型的单元目标。注意图5.1，我们是如何将目标分为迁移（T）、理解意义（M）、知识（K）和技能（S）这四个种类的。

➲设计任务：重新回顾你在模板二起草的阶段一的单元目标，并按照四种不同的目标类型进行分类，或者制订完整模板中单元目标的最终版。

◇哪些是知识目标？在每个后面加上一个K。
◇哪些是零散的技能目标？在每个后面加上一个S。
◇哪些是理解性的目标？在那些涉及理解意义的目标后面加上一个M，在涉及迁移的目标后面加上一个T。

注意，我们在本模块所讲述的内容也可以看作一直在讨论的重要思想的一个示例。首先，我们帮助你真正理解这四种术语（理解意义）。现在，我们就要求你将这些理解的内容应用到自己的设计中去（迁移）。

主题：美国革命（《独立宣言》）

◇知道《独立宣言》的起草者是谁。K

◇运用研究技能了解宣言的任何一个签名者。S

◇从不同历史情境、"听众"和"目的"等角度来分析宣言，并写一篇论文。M

◇在模拟的镇会议上，运用你对内容的理解角色扮演一名宣言签名者，将你的决定解释给镇上的人民，并随时准备对别人的批评作出回应。T

主题：　西班牙语学习入门

◇知道问路的日常用语。K

◇运用你新学习的技能和现在时态（以及常用短语的相关知识）翻译老师给出的简单提示，如以"Donde está…"开始。S

◇一名学生认为："学习一个过去时态已经足够了，同时学习两个时态太难了！何必呢？"写一封信、做一个播客或者拍一个 YouTube 视频，讲解为什么在具体的西班牙语交流中要用到不同的过去时态。M

◇角色扮演：模拟在拥挤的火车站，你只剩一点点时间，必须询问各种已经出发的班次以及即将启程的班次。有些人会比别人说得更快更地道。T

主题：　代数的线性关系

◇知道"斜率"的含义和 $y=mx+b$。K

◇给各种线性关系作图。S

◇一般而言，解释线性关系能帮助发现价格拐点，但不可能帮助你预测销售。M

◇运用线性方程组和实验得来的真实数据帮助你决定甜甜圈和自制咖啡的价格，并在体育竞技赛事中出售，利润用于筹集赛事资金。T

图 5.1　四种目标类型举例

阶段二和阶段三有哪些相应内容

一旦你已经编订好阶段一的草稿目标，接下来就是应用逆向设计快速起草单元草稿的时候了：鉴于这四种类型的不同目标，阶段二和阶段三需要什么样的评估方式？例如，你编码的"理解意义"和"迁移"目标对你确立评估方式有什么意义？你常用的评估方式是否可以有效体现这种理解？阶段三也类似：模块 4 勾勒的学习活动或者之前的头脑风暴是否足以帮助学生理解一些重要思想并迁移所学？尽管后续模块会详细解答这些疑问，但毫无疑问现在你已经有了一些想法，因此你应该把它应用到你的单元设计中，把方案草拟出来。

真正理解与貌似理解

或许你还是不清楚如何将区分四种不同目标类型的观念迁移到单元草稿中。问题可能在于你还不确定我们所说的要求学生"理解"内容，而不只是"知道"它，这其中真正的含义是什么。

实际上，人们非常容易把理解和知识习得相混淆（以及将"迁移"和"僵化技能"相混淆）。只是因为我们知道很多重要的东西，听起来已经理解自己所说的内容，但其实并不是这样。还因为在观察学生的学业表现时，貌似已经很熟练，但并不意味着他们已经能够迁移所学。我们一再强调的这一内容是UbD设计中取得进展的关键所在。我们越认真分析教育目标和方法，我们越能意识到，和起初的设想相比，我们的任务多么复杂并充满不确定性。

让我们铭记，"理解"和"知道"这两个词的含义是完全不同的。你自己独立掌握看到的东西，获得真正的理解，和只是重述别人阐述的观点（没有真正理解内容，掌握其背后真正所指的东西，或者知道如何运用它）相比，这两者是完全不同的。正因为，你"知道" $A^2 + B^2 = C^2$，并不意味着你"理解"它——也就是说，理解"为什么"和"怎么样"。同样，高度一致但只是纯粹模仿的技能，和能够应用自己的技能满足新的需求，这两者是不同的；排练和真实比赛是有很大区别的。

常识和语言的习惯用法是有细微差别的。我们说，理解要求你"用自己的话解释"及"呈现思维过程"。为什么呢？因为你的解释可以证明自己是否已经获得理解意义和迁移所学的能力。

思考下方"找出规律"的示例。假设我们要求你找出后面一排数字的规律：1，1，2，3，5，8。或许你现在还看不出规律，但如果我们告诉你规律是"数列中的任一数字是前两个数字的和"之后，你未必理解我们所说的具体意义，你只知道我们告诉你一个规则。如果我们问你"那么，规律是什么"，你可能只会重述我们刚刚告诉你的内容——但并没有真正理解你所说的内容具体指什么或者接下来的数字是什么。

只要你能说出："哦！我知道了：2＋3＝5，3＋5＝8。"就能证明你已经掌握规律，获得意义理解，并可以加以应用。听到你用自己的话解释，使我们知道你现在可能已经理解了。但是，如果你能够拓展所学的知识——例如，你可以说出接下来的几个数字（13，21），并解释清楚你是如何发现的，为什么第一个和第二个数字是一样的，而为什么这种情况只有一次（0是空的，所以0＋1＋1），那么我们就更有信心，你已经真正理解这些内容。现在你自己可以清晰地把握整体图像；可以突破给定信息，理解所学内容，主动建构意义。这些短语含义都大致相同。

接下来是与知识相关的一个示例。如果一个学生说内战是由于对奴隶的种族歧视引起的，我们假定她理解了内战的起因。但我们还不十分确定。如果学生没有总结推论并加以证实或者从事实学习中发现它们的逻辑思路（并向我们展示和证实她遵循的逻辑），就不能说她已经能够建立联系，掌握核心意义，或提供证明。她能做的可能只是（还未真正理解）陈述老师或书本给出的一个观点。在面对其他老师或书本给出的质疑时，她还不能够论证反驳。

人们获得理解之后，并不只局限于依样画葫芦"知道"些什么；他们可以应用知识和技能建立联系、探索不同角度并将先前所学应用到新的情境中。这就是为什么一个简单的课堂测验，其要求的答题方式和先前所学的不一样时，起初貌似已经"掌握"（对他们自己以及你来说）的学生会感到为难。意义理解和掌握事实性知识两者的区别是教学设计中饱受争议的一点，如果你大量"覆盖"教材内容，且通过课堂测验来检测学生是否已经学会，你就很容易混淆上述的两点。如果你的评估只要求学生准确地回忆，那么貌似理解的学生其实并没有真正理解。但是，只要他们能够用自己的话解释，或拓展建构的意义和技能，进一步加深对相关的事实、数据、故事、任务和事件的理解，就能证明他们已经真正获得理解。简言之，只是简单地教授具体知识并不能确保学生真正获得理解。理解必须接收广义层面上的"考验"，就像运动员需要经历真实竞赛的"检测"，而非简单的操练。表5.1详细解释了真实理解和掌握事实的区别。

表 5.1 区分真实理解和事实性知识

真实理解	事实性知识
◇以简洁有效的方式反映"基本思想"。 ◇在不同情境、场所和时间实现迁移。 ◇必须通过质疑和推论"获得"（也就是说，学习者头脑中主动建构），然后重新思考。 ◇经历真实情境任务的准确评估，且任务要求一种及以上的理解维度（例如，应用和解释）。	◇由事实（例如，$4\times 4=16$）和基本概念（例如，天空）构成。 ◇不需要迁移的事实。极少涉及迁移能力的基本概念（例如，不同品种的狗的概念）。 ◇可以通过死记硬背习得（也就是说，不需要理解）。 ◇以客观测试/随堂测试进行评估，并且有标准的"正确与否"的答案。

其他还需要注意的是：

◇理解是一种推断，而不是事实，它是通过质疑而得来的有效见解。学术领域（例如，在物理学科中：如果没有力的作用，物体会一直保持匀速运动）的重要理解经常与常识及传统智慧相悖，因而经常被学生误解。因此，不能只是简单"覆盖"，而应该进行"揭示"（例如，通过提出核心问题、解决具有挑战性的问题、讨论一个复杂的议题）。

◇这样的理解促使我们在不同事物的学习中建立重要和丰富的连接——无论对学生还是成年人而言（例如，"不一定正确"这一思想既适用于运动场纠纷，也适用于国际外交）。

◇虽然死记硬背可以学习事实和基本概念，但研究显示基于理解的学习方法可以产生更多实质性的、长期的、灵活的学习效果。理解通过联系、连接零散的事实和技能帮助我们的学习。

这种差别在技能和知识之间也有所体现。学生也许会做 $14.3/6.1$，但是如果他们不能解释清楚为什么可以通过移动小数点（每一个数字乘以 10），就没有真正掌握自己的操作——这种情况还会对后续的工作造成影响。换句话说，如果他们无法解释清楚为什么 $14.3/6.1$ 等于 $143/61$，那么他们就没有真正理解"等值"和"位值"这两个数学概念的基本含义，知道为什么有这样的作用，及如何应用它们解决现实问题。不理解位值且不知道如何简化一个新问题会阻碍学生将来解决数学问题。表 5.2 的示例将进一步澄清"理解"和貌似"获得"

的区别。

表 5.2　正确的理解意义

学生已经真正理解，当他们……	学生还未主动建构意义，如果他们……
◇自己能够发现一组数据的规律（例如，关于数据、书本、历史事件）。 ◇用自己的方式及自己的话加以解释（例如，视觉呈现）。	◇只能重述他们被告知的规律。 ◇不知道如何发现规律，或自我证实这个规律的可靠性。
◇阐述这个故事有什么寓意，或用自己的话作一个总结。 ◇意识到自己需要细读字里行间的内容，从而推断出主人公的性格、动机、感情。	◇只是字面上的阅读，再重述情节、情境、主人公等等。 ◇只能阐述故事的事实性信息，或重复他人对故事寓意的阐述。 ◇对别人的推论感到很困惑。
◇将历史叙事中有关人和事的事实和他们在与此类似的经历中的发现和归纳相联系。 ◇用自己的话对一段历史时期作概括总结。	◇只能重述教师或书本给出的一个结论，或只能引用事实性知识。 ◇没有将学习内容和自身的经历建立任何联系，或对历史人物和事件进行评估。 ◇不能准确地总结或概括一段历史时期。
◇意识到使用其他语言的讲述者开了一个玩笑或用的是讽刺的口吻。	◇逐字地翻译，没有对讲述者的意图作出推论。

换句话说，获得理解的关键是学生不能只是盲目跟随他人，重复他人的话语；他们应该自主推论总结。获得理解不是得到一个事实性知识，而是基于事实得到一个结论（基于自身的逻辑推断和思考）。

下面是体现上述理解的一个古老的思考方式：伊索寓言。毫无疑问，寓言指发生在某种情境下有关某种动物或昆虫的故事。每个寓言都蕴含某种寓意——超越具体故事情节，总结出的一般化道理。下面是一个示例：

蚂蚁和蝶蛹

在一个阳光明媚的日子里，一只蚂蚁在觅食的路上偶遇一只即将破茧的蝶蛹，这只蝶蛹摇晃着自己的尾巴，蚂蚁才突然意识到它是一个活的生物。蚂蚁轻蔑地说:"唉!可怜的家伙!""你的命运多悲惨呀!我可以任意地跑来跑去,如果我愿意的话,我还可以爬上最高的树,而你却被困在自己的壳里,皱巴巴的尾巴只能动一两下。"蝶蛹听到了蚂蚁的话,但并没有反驳。几天之后,当蚂蚁再次经过那条路时,蝶蛹不在了,只剩下一个空壳子。当蚂蚁奇怪到底发生了什么时,它突然被一个阴影笼罩,感受到翅膀扇动的微风,看到一只漂亮的蝴蝶。蝴蝶说:"看看我,你可怜的朋友!现在你可以尽情地向我吹嘘你能跑、能爬,只要你能让我佩服你。"一说完,蝴蝶就飞向空中,徜徉在夏日的微风中,很快消失在蚂蚁的视线里。

寓意:外貌是有欺骗性的。

所以,当我们思考阶段一的"理解"时,考虑一下"故事的寓意"。类似地,如果你的单元是一个故事,那么你的故事的寓意是什么?换句话说,你想要你的学生得出怎样一般的、有用的、有趣的推论,让他们认为是有意义的?这些应该是理解一栏需要包含的内容。

让我们从模块2的示例单元中找出一些有关理解的内容,虽然它们看起来像是"事实",好像属于知识目标一栏,但其实是一种推论,教师应该帮助学生自己对此加以总结并掌握:

◇驾驶课程——刹车反应的时间极其短暂,因而需要司机不断预估和集中注意力。(见表2.2)

◇社会研究——成功的拓荒者需要具备勇气、智慧和协作来克服艰难险阻。(见表2.6)

◇代数——我们可以运用交换、关联和分配的方法解决难题,将复杂的表达式转换成简单熟悉的内容。(见表2.8)

◇视觉艺术——艺术家通过类似于口头和书面的叙事方式讲故事。(见表2.12)

◇健康与体育——肌肉牵拉全方位的动作会产生更大的力量。(见表2.13)

◇历史——历史总是可以从不同的角度来看待;一个人的经历会影响他对历史的看法。(见表2.14)

你能从上面这些示例中推断出什么吗?上述的所有内容都是以概括的形式呈现:必须通过理解获得,而不只是了解。它们乍看起来并不明显或真实,我们需要通过逻辑思考得出这些结论。因此,读者需要意识到他们要想真正理解这些内容的寓意，需要学习者根据不同经历对此进行推断（或者证实，如果是由别人首先提出的话）——同样的，我们只是希望你也能够这么做，并在早期的练习中真正达到理解的目标！

迁移：是与不是

迁移目标强调要有效运用我们一直追求的理解、知识和技能——也就是说，当学生在校内外或脱离课堂、书本单元时，面临新的问题时，我们希望他们能够做到什么。

任何学科领域都有一些首要的迁移目标。例如，对于学生来说，数学的长期目标是能够独立解决任何难题；历史学科是以历史经验为基础，看待当代的问题，基于这些理解，使自己成为一名更加积极主动的公民；外语学科是希望学习者能够在不同情境下有效运用目标语言进行沟通交流。任何情况下，学习迁移的能力不能只体现在一种情境中，而应该体现在不同的真实情境中。

因此，这里也有所体现，迁移是指独立应对不同状况。当学生在没有人告诉他做什么及何时做时，他还能够成功应用所学，这才能说明他已经充分理解了。在真实世界中，没有老师指导你或提醒你这儿或那儿应该运用什么经验。迁移是指学习者能够机智高效地、独立地从知识库中提取需要的经验，再加以运用，应对新的困境。因而，新手司机必须能够处理真实开车过程中发生的各种突发状况。他们必须不断地评估路面的当前状况，必须自主有效地迁移自己的知识、技能和理解。因而迁移的目标需要教学活动规划（阶段三）逐渐培养学生独立自主的能力；评估方式（阶段二）必须能够判断学生当前独立自主的程度，而不只考查对内容理解多少（一个众所周知的培养自主性的方法就是教师"从扶到放"，但我们更倾向于学生的发展过程，因为这才是教育的目标：学生自主性）。

迁移目标有以下几个显著的特征：

◇要求应用（不只是简单地识别和回忆）。

◇在新的情境中应用（而不是前面讲过或遇到过的情境；也就是说，这些任务不能仅通过死记硬背就能完成）。

◇需要自我判断这里要应用哪些已学知识；也就是，要运用一些策略性思考方式（不只是不加以思考地使用技能和事实性知识）。

◇学习者必须自主应用所学（完全自主，没有指导或教师的帮助）。

◇学习者必须把思考的习惯（例如，准确的判断、坚持和自我管理）和学术理解及知识技能相结合，设计和调整任务，满足不同受众和目的。

那么你的迁移目标是什么？ 表5.3给出新的相关示例， 帮助你更好地理解迁移目标这一概念。

表5.3　迁移目标的示例

长期迁移目标	为什么（及何时）这些是迁移目标
写作——用各种体裁撰写，满足不同读者的需求，为了 ◇解释（叙述）， ◇娱乐（创意）， ◇说服（有说服力）， ◇帮助执行任务（技术）， ◇挑战或改变某事物（讽刺）。	目标是使学生随时准备运用它们的写作能力达到任何目的、满足任何读者、运用任何体裁，满足现实生活的各种需求。当学生没有直接的提示和图形组织者时，仍能应用先前的学习所得来写作，实现迁移。
数学——识别并解决以前从未见过的数学难题，甚至不清楚问的是什么，需要具体运用什么方法来解决这个难题。这个全新的难题既涉及理论知识，又与现实世界的难题相联系。	学生需要自己判断这个问题真正问的是什么，思考需要应用哪些数学知识，及最好的解决思路是什么——所有这一切都未被告知如何一步步地操作。迁移要求使用数学推理和策略，不只是应用记忆的算法填入数字，完成熟悉的练习题。
健康和体育——在饮食、运动、压力管理、酒精、药物使用等方面作出健康的选择和决定。	长期目标是使学生自己具备知识、能力和动机，过一种健康的生活，不用听父母和教师的唠叨。
科学——评估科学论断（例如，X品牌的纸巾是所有领先品牌里面吸水性最好的），并分析涉及科学或技术的当代议题（例如，乙醇是利用率最高的石油替代性燃料）。	学生知道运用科学方法（例如，要求效度）和思维习惯（例如，对健康的怀疑）解决科学方面的问题，作出明智的决定。

续表

长期迁移目标	为什么（及何时）这些是迁移目标
阅读——读懂不同体裁（文学、小说、技术）的文本，通过 ◇全球理解（"主旨"）， ◇诠释（字里行间）， ◇批判的立场， ◇个人经历的联系。	目的是使学生能够独立阅读并理解任何文本。
历史——讨论当前学习内容的适用性，是否对现在和将来的事件，及其他历史事件和议题有一定作用。如果有，我们应该从过去的历史中学习什么经验，并用于分析现在和其他的事件？	学生必须考虑过去和现在的相关性，独立作出判断，并应用到具体的议题分析中。
表现艺术——选择某种媒介创造并表演一个作品，表达你的想法，释放心情或情绪。	目的是使学生学会通过艺术表达自己的感受，能够独立地从美学的角度评估艺术。
外语——在不同难度的情境下（语速、口音、电话里等），基于理解力，用目标语言准确流利地交流。	目标是使学生在没有教师的帮助和提醒的情况下，没有被告知如何应用零散的知识和技能时，能够在真实情境中准确独立地交流沟通。

资料来源：© 2004 ASCD. 版权所有。

➲设计任务：鉴于上述对理解和迁移的讨论、举例和练习，重新检查你在阶段一的理解目标（学习迁移和理解意义）。根据需要加以调整和完善。

自我评估——回顾模块 5 的标准

对照下方一系列自我评估的问题，检查你现在的单元设计草稿，并根据需要加以修改：

◇阶段一所有的学习目标都可分类成迁移（T）、理解意义（M）、知识（K）和技能（S）吗？

◇理解一栏的既定目标是否反映关键有效的基本思想或者是学习的有效应用？
◇迁移一栏的州级目标是否反映真正的长期目标？
◇理解性目标是否由引人深思及开放式的核心问题构成？

重温营养单元

我们将以重温模块 4 的营养学单元的方式结束本模块（参见表 4.4）。如表 5.4 所示，阶段一的目标都被分类为迁移、理解、知识和技能，还包含核心问题。

表 5.4　营养单元的阶段一概况

单元主题：营养
科目：健康
年级：5～7
课时：3 周
阶段一——预期学习结果
迁移——学生将能够：
◇评估自己的饮食习惯，作出健康的营养学选择。
理解——学生将理解：
◇均衡的饮食促进身心健康，使外貌更加靓丽，身体充满能量。
◇USDA 食物金字塔利于健康饮食，但个体需根据自身的年龄、生活方式、文化背景和可获得的食物，确立健康的饮食习惯。
◇挑选健康的食物没有那么容易。
核心问题
◇我们应该吃什么？
◇你是一个健康的饮食者吗？你是如何判定的？
知识——学生将知道：
◇食物的种类。
◇USDA 食物金字塔对确定均衡饮食的建议。
◇核心的营养学词汇（例如，蛋白质、脂肪、卡路里、碳水化合物、胆固醇）。
◇营养不良引起的健康问题。
技能——学生将能够：
◇读懂食物标签上的营养信息。
◇制订一份均衡的饮食计划。

资料来源：© 2004 ASCD. 版权所有。

🖥网上有几个作业单可以帮助你理清目标：表5.6总结四种目标类型的相互关系；表5.7给阶段一的目标分类；表5.8四种目标对阶段二和阶段三的影响；表5.9四种目标对阶段二和阶段三的影响示例；表5.10澄清迁移目标；表5.11思考长期的迁移目标；表5.12澄清理解意义的目标。

有关本模块观点的更多信息，请参见：

《通过设计促进理解（第二版）》(Understanding by Design, 2nd ed., Wiggins & McTighe, 2005)，第2章是"弄懂理解的含义"；第3章是"澄清不同的目标"；第5章涉及核心问题；第6章关注"解码理解"。

《通过设计促进理解：专业发展实例》(Understanding by Design: Professional Development Workbook, McTighe & Wiggins, 2004)，118—125页提供更多练习，供我们区分不同知识、技能和理解性目标。88—118页提供针对核心问题和理解力的练习和工作单。

《通过设计改革学校教育：使命、行动和成就》(Schooling by Design: Mission, Action, and Achievement, Wiggins & McTighe, 2007)，第1章和第2章讨论学校教育的教育目标，及如何有效编撰任务表述、项目目标和其他长期预期学习结果。

参考文献

Bransford, J., Brown, A., & Cocking, R. (Eds.). (2000). *How People Learn: Brain, Mind, Experience, and School* (Expanded ed.). Washington, DC: National Academy Press.

Bruner, J. (1960). *The Process of Education*. Cambridge, MA: Harvard University Press.

McTighe, J., & Wiggins, G. (2004). *Understanding by Design: Professional Development Workbook*. Alexandria, VA: ASCD.

Wiggins, G., & McTighe, J. (2005). *Understanding by Design* (2nd ed.). Alexandria, VA: ASCD.

Wiggins, G., & McTighe, J. (2007). *Schooling by Design: Mission, Action, and Achievement*. Alexandria, VA: ASCD.

模块 6
基本问题与理解

目的： 基于单元核心观点详细说明基本问题与理解。

预期学习结果： 单元设计者能够了解如下几点：

◇反映了关键质疑以及单元理解性目标的基本问题，从而有利于聚焦单元和优先学习内容；

◇理解是一种在单元中需要帮助学生得出并核实的推断——尽管有时候这种理解听起来和事实没什么两样；

◇在 UbD 理论中，理解是能够作出完整的概括（full-sentence generalizations），聚焦于我们要求学生建构的特定意义，避免那种认为达成目标就是复述主题这一常见误区。

单元设计者将能够：

◇开发与单元主题和理解性目标相关的且引人深思的基本问题；

◇准确地陈述所期望的作出完整概括的理解。

如果你还没有将单元理解作为完整概括，而且尚未设计出与之相伴随的基本问题，或者是你认为自己拟定的理解和基本问题需要提高，请认真研读模块 6。

如果你想要探索模块 7 中不同目标类型的评估问题或者早已经将单元理解为完整概括并且已经设计了基本问题，可跳过或晚些时间再回到模块 6。

为理解而教的核心是需要聚焦统一的观点与质疑（ideas and inquiries），

而不是仅仅关注孤立零散的知识与技能。核心观点是与一个人专长中最要紧的地方分不开的，体现在以下的各种形式中：

◇统一的概念（例如：相互依存的现代"平"世界）；

◇有机的主题（例如：爱征服一切）；

◇关键策略和经验法则（通过数学的等值观点将复杂的数量转化为更为简单熟悉的东西）；

◇无休止的辩论或问题（先天与后天）；

◇引人注目的悖论（富裕中的贫穷）；

◇困境（我们简化了现实的数学和科学模型——可能会损失一些重要的细节）；

◇持续的问题或挑战（全球变暖）；

◇主要理论（命由天定）；

◇关键假设（市场是理性的）；

◇关键的不同视角（恐怖分子和自由战士）。

因为核心观点是统一而又有效的理解的基础，其提供了一种方式来处置课程与教学的优先范围。

对学习者来说，核心观点使得众多的信息和片断技能变得富有意义。如果没有用理解与问题解决的观点来引领的话，那么任何一个新的环境都会看起来是那么陌生、孤立而又令人疑惑。换句话说，这些核心观点不是没有意义的、抽象的东西，恰恰相反，它们照亮了经验之路，它们是迁移应用的关键，因为布鲁纳（1965）早就指出：

任何学习表现的首要目标（不考虑它可能会给我们带来的快乐），都是它应该在将来为我们服务……本质上讲，它在于学习最初并不是一种技能而是一种普通的观点，这种观点认为它可以作为用于识别后续问题的基础。这种类型的迁移是教育过程的核心——知识的持续扩展与加深就是依据的这一观点。（17 页）

为了展示在各个领域中核心观点（big ideas）是如何影响理解与迁移的，我们来考虑以下两个你先前没有想到过的例子——诸如足球和篮球的团队运动。

◇创造进攻空间。这个核心观点影响了所有的进攻类运动。当进攻者"创造空间"时（即建立更大的开放型区域，不管是网球、羽毛球的场地还是冰上项目的场地），防守即被拉开，使队友尽可能被解放出来，你的团队也因此可以得球推进并得分（与之相反的是"聚群"——这使得防守者更易防卫并阻止进攻）。

◇合理地欺骗你的对手。通过向对手"伪装"自己最终的方向和节奏，你能够更成功地得益（以及更有效地创造空间）。

请注意，这两种想法本质上都是属于策略并非动作技能（比如运球和准确地罚角球）或简单的战术（利用传切配合与越位陷阱两种方式来"欺骗"对手创造空间）。它们是核心观点，这是你在任何时候使用自己全部技能的关键所在（运动中的创造空间使你能够看得更加清楚并寻找机会）。并且，战略思想可以迁移应用于大多数的团队运动中（比如：足球、冰球、曲棍球和水球等）并适用于所有级别的运动。

一些持续的质疑、原因、基本问题均从这些观点产生：

◇现在该怎样在这里撕开缺口呢？作为一个团队，我们该如何避免"扎堆"？

◇什么时候我该如何"欺骗"我的对手？我现有的技术水平同对手相比较谁的移动能力更好？

让我们来看一个更为学术化的例子——写作，教师通常总是倾向于自己的工作只是教授写作技能罢了，实际上理解和恰当地使用技能则取决于写作者有什么样的"观点"。关于写作的两个核心观点现在已经成为写作过程中为人们所熟知的"口头禅"：观众和目的。对所有作家来说，有条理的想法描述成问题的话是这样的：我是写给谁看的，我写作的目的是什么，我所描述的内容与方式是如何影响答案的。

所以不要认为核心观点只是一种死气沉沉或模糊的抽象概念，要将其看作是一个有用并富有启发的概念或者是一种帮助学生组织和建构工作与经验的透镜。总之，核心观点连接了那些看起来毫无关系而又杂乱无章的内容，帮助将资料转化为信息。的确，UbD单元设计的一个主要目标就是明晰那些能够用来将大量的内容知识转化为有趣的、相关联的、有用的质疑（通过基本问题）并在具体而重要的理解意义中发挥决定性作用的核心观点。

⮕设计任务：对你所设计的单元中有哪些核心观点开展头脑风暴。哪一个或两个观点能够帮助学生对整个单元的内容进行意义理解？

核心观点与模板

你或许会问：在 UbD 模板中，核心观点会置于哪个位置（因为并没有为它们设计空格）？这是一个好问题！核心观点实际上在很多地方都有所反映，最为明显的就是在基本问题和理解这一栏。然而，正如我们已经注意到的那样，核心观点强调了有效的迁移与应用，所以核心观点在迁移一栏中也有体现。

基本问题为关乎核心观点的持续而重要的质疑提供了框架，而理解则反映了重要（但不明显）的答案——我们希望学生能够陈述完整的概括（以一种有意义的方式）。这儿有一个例子。基本问题"为什么是这里？"设立了一个终身质疑的核心观点——"地理即命运"。作为探索这个问题与理论的结果，我们想让学生能够从不同的水平和课程角度产生具体的理解。例如：

◇人们对食物、工作、商业和交通的需要往往决定了人们将定居何处以及城市的演变。

◇一个地区的地理、气候和自然资源将会影响人们的生活习惯和工作方式。

请注意，这些理解并不仅局限于一个特殊的地域或城市。它们以一种事实上难以做到的迁移方式跨越时间与空间。所以"地理即命运"这一核心观点可以迁移至任何新位置，并且能帮助我们更好地理解相关的文化、历史、经济以及政治的发展历程。

"地理即命运"这一观点或许将派生出一些附带的问题：区域主要是由地理来定义的吗？或者更多的是同文化相关？当观点揭示了研究内容时，对学生和老师来讲，创造有趣而又有用的问题来支持学习将变得非常容易，并且能清楚地看到真正的学习需要并产生相关质疑。

基本问题

因此，为理解而教就需要我们的设计和方法能够促进持续地开展质疑。而彰显这些疑问重要性的一个有效方式就是将每一个单元都基于几个基本问题之上。明确而又熟练地运用基本问题传递了一个有力的信号，那就是单元是关乎理解的，而不仅仅是掌握知能。

正如前几个模块中我们所建议的那样，如果这些问题满足以下几点，我们可以将其看作基本问题：

1. 对重要内容的核心观点产生真实而又相关的质疑。
2. 激发深度思考、激烈讨论、持续性质疑以及更多新的理解性问题。
3. 需要学生权衡证据，作出选择，支持各自的观点，并证明彼此的结论。
4. 促进对核心观点、假设和优先课程作出重要的持续性反思。
5. 同先前知识和个人经验建立有意义的关联。
6. 自然而然地重复出现，为迁移到其他情境而创造机会。

这里是一些基本问题的例子，这些例子通过不同的学科领域组织起来，以此激发你的思考，明确基本问题的相关标准。

社会研究类基本问题

◇这是谁的故事？我们没有听到谁的声音？
◇政府应如何平衡个人权利与共同利益？
◇_____（移民、酒精、药物和媒体）应该被禁止还是常态化？什么时候？谁决定？
◇为什么人类会迁徙？什么时候他们不得不迁徙？什么时候他们可以选择迁徙？
◇战争的意义是什么？是谁决定的？

数学类基本问题

◇这是什么类型的问题？
◇当我卡壳（毫无头绪）的时候我应该怎么做？
◇什么时候估算比计算更好？
◇我怎样运用数理将这简化为更为熟悉更易解决的问题？
◇这是什么图案（模式）？
◇我们测量的东西是如何影响测量方式的？我们测量的方式又是如何影响测量的东西？
◇应达到何种准确度（精确度）？
◇通过给出_____我们能得到什么结论？不能得到什么结论？

语言艺术类基本问题

◇"小说"与"事实"有什么关系？

◇我是如何同其他时空的故事建立联系的？
◇在此之前我们是否忽略这一观点？
◇优秀的读者是如何做的？
◇作者讲述了什么？又是什么让你这样认为的？
◇主题有何不同？应如何作为结果来阅读？
◇文章不能引起任何共鸣时，我该怎么办？
◇优秀的作者是如何抓住并保持读者兴趣的？
◇我为什么要写作？为了谁而写作？

艺术类基本问题
◇艺术是什么？它是如何区分于工艺的？
◇我们在哪里可以发现艺术？
◇艺术品能够告诉我们有关文化和社会的哪些信息？它们是如何误导我们文化与社会的？
◇深思的批判性评判与欠考虑的批判有何不同？
◇艺术家是否对他们的观众负有责任？观众是否又对艺术家负有责任？

科学类基本问题
◇什么使物体按照它们的运行轨迹来运动？为什么这个物体以那种方式运动？
◇我们由什么组成？任何事物又是由什么组成？
◇生物的结构与功能是如何联系的？为什么这种生物长得那样却这样做？
◇它将去哪里（参考能源与物质的保护）？
◇我们应如何评论一个科学的断言？
◇我们如何能更好地测量那些我们不能直接观察到的东西？
◇数据能够佐证那些似是而非的解释吗？
◇这个错误是数据允许的误差或固有的吗？

世界语言类基本问题
◇目标语言与英语重要的相似之处与不同点是什么？
◇我如何获得凌驾于英语之上的思维？
◇对我来说保持尽可能多的语言长时记忆的最好方式是什么？
◇语境是如何帮助我理解那些我不认识的单词的？

◇当我卡壳的时候我该怎么办？
◇我如何听起来更像一个当地人？
◇我应如何保持对话持续进行？
◇如果我们没有文化刻板印象，我们又该怎样探索和加以描述呢？

➲设计建议：尽管你或许"学到"了基本问题的观点，但这并不意味着你将独自快速地迁移所理解的东西并学会编写基本问题。实践造就完美。你必须持续地编写和修改，并在同事或学生中多加尝试，那么很快你将拥有很多好的基本问题。

➲设计任务：对单元核心观点的基本问题开展头脑风暴，然后对照基本问题标准来检查自己的问题（本模块中先前已经标序列出的清单）。

非基本（但对教师很重要的）问题

当你退回去独自对照标准检查自己头脑风暴所得的基本问题时，你或许会发现，哎，它们其中的一些并不是基本问题。即使当我们提出这些问题时付出了很大的努力，但最后都将会这样："什么是线性方程？"或"为什么标点符号很重要？"——即使是对照标准简短地评估一下，也会发现这些问题并不是我们所认为的基本问题。你提出的这些问题或许对你自己的教学来说是很重要的，但这并不是我们这里所要寻找的基本问题。新手设计者典型的问题是太注重于引导知识。

以下是我们从数百个样本单元了解到的常见的非基本问题的示例：
◇一个故事的要素都有什么？
◇身体是如何将食物转化为能量的？
◇为什么将来时有用？
◇真实世界如何运用……（一个主题）
◇对（任何事件）来说，三个原因是什么？
◇为什么保持健康十分重要？

我们确信你正在开始用我们先前所提出的要求来审思这些问题为什么不是基本问题。上述的每一个问题实际上只是在寻找一个"官方的"最终正确答案而不是提出一些深层次开放性质疑。作为教师如果我们坚持只是问那些只有一个正确答案的问题（根深蒂固的习惯难以打破），我们在深入理解核心过程中的质疑将变得匮乏。

做到这一点的另一种方式是说那些老师当第一次处理这种问题时总是会将基本的两种含义合并起来。作为老师，对我来说那些基本的核心内容对应作为学生则是那些基本的持续质疑来获得洞察、建立联系以及促进学习的迁移。在聚焦理解的课程中，较之于后者，我们需要更多类似于前者的问题。

一点细微的编排就可以取得很好的效果。"语法为什么重要？"这是一个老师的问题。我们能够想象到所有的学生（用不够饱满的热情）齐声喊出"正确"答案时的场景。对于这个最原始的问题，我们不妨用这种方式提问：对于没有语法结构的日常表述，我们可以用得有多好？我们可以在哪里用到？这个最原始的问题在向我们传达这样一种信息：与其期待学生被动地接受语法，我们不如以诚实开放的态度不断主动探索语法的价值（对问题来讲，一个简单而更优雅的编排或许是这样的："语法到底有多重要？"）。

你或许想验证自己所草拟的基本问题，请牢记此注意事项：这个问题是否预示了开放性质疑，或者它是否渴望一个正确的答案（参见表 6.1 来获得区分基本问题与知识性问题的更多指导）？

目的重于形式

正如刚才我们提到的测试所表明的那样，问题的目的远比形式重要。许多初次接触基本问题的老师倾向将问题看作是获得重要答案的工具；在 UbD 理论中，基本问题的关键点是瞬时的下意识思维和巧妙的答案——以此来保持问题活力。换句话说，理解意义的目标从根本上不同于内容获得的目标——至今教师和学生都习惯于认为学习只是习得的过程。一个真正的基本问题是值得提问的——并且是一问再问。的确，只有通过持续地质疑、反馈与反思，深层次的理解才得以持续地发展与加深。

这一点在 UbD 模板中得以具体强调。正如模块 2 所指出的那样，我们要求你确定基本问题而不是基本答案来作为第一步的预期结果。重点是一直提问，并且更好地提问和思考关键问题。

所以，问题的形式并不是真正的重点，重点是在整个单元里，你运用问题做些了什么？以及单元目标向你暗示了什么？"生物即命运吗？"这或许听起来需要一个完全肯定或否定的答案，一些尖锐且发人深省的讨论和教训能够快速地示意：问题被设计用来在我们学习生物学时磨砺和维护我们的思维。相反的，一个貌似开放式的问题——例如："什么时候美国应该发起战争？"——或许听起来像是我们在寻找一个真正的质疑，但是，如果它简单地是一种快速指向"权威的"老师或教科书答案的修辞性问题，那么此类问题就不是我们所认为的真正意义上的基本问题。

表 6.1　基本问题与知识性问题的区别

基本问题	知识性问题
1. 用来探索、讨论、持续复习与反思。	1. 有具体的、直接的、毫无疑问的答案。
2. 拥有多种貌似正确的答案，并且这些问题的答案总是能够激发一些新的问题。	2. 被用来促进事实性复述而不是产生持续的质疑。
3. 会鼓舞或引发思考并且能够激发学生参与持续的质疑和思维拓展。	3. 更有可能是由老师或教科书所提出，而不是某个好奇的学生或现实世界里的人。
4. 反映了那些真实的人在工作或生活中严肃的实际问题，而不是那些仅在学校被问及的"老师"的问题。	4. 更注重修辞而不是实际意义。

其他需要记住的要点：

◇问题的目的才是最重要的，而不是其表达形式。问题在活动和评估中的推行方式决定了它是否是基本问题。这样的话，很多基本问题开始于"开放的"术语（例如：为什么……？通过何种方式……？怎样才有可能……？），但这并不是必须的。有些问题的组织或许看起来能够以"是/否"或一个简单的答案来回答，但这仍符合"基本问题"的标准（例如：生物即命运吗？我们应该吃什么？哪位现代总统所作的贡献最令人失望？）。换句话说，问题的格式或组织形式并不是决定其目的的关键因素。

◇一些基本问题被用来提供指导，也就是说它们开始的时候尽管是面向许多似是而非的说明和答案，但最终的落脚点还是理解。许多科学类的基本问题就符合所描述的这种情况（例如：物质是由什么组成的？水流向哪里？为什么物体会沿一定轨迹运动？）。尽管如此但这些问题仍可以引导学生探究，激发思维，并鼓励学习者理解意义。

◇注意区分那些旨在激发学生在新话题中感兴趣的问题（例如：吃什么食物可以预防青春痘？）和基本问题。我们建议将"兴趣性"问题作为学习计划的一部分放在步骤3中。

基本问题与小学生

你或许会认为，基本问题只适用于年龄稍大或层次好的优等生。实际上并不是这样。思考下列用于小学年级学生的基本问题：

◇我能相信哪些陌生人？
◇为什么坏事情（例如：操场上打架、花园里的意外、轻率的偷窃）会发生？
◇为什么作家那样说？
◇为什么人总是做一些傻事？
◇我看不懂（到）什么？怎样我能看得更清楚？
◇如果那是我的目的的话，我该怎样表达？
◇我如何最好地展示_____（例如：这种方式、我的想法）？

请注意，这些问题虽然与观点和策略相关，但它们是以一种相关且易于学生接受的方式提出的。虽然这些问题也缺少简单的答案，但这并不意味着孩子就不能富有成效地思考和讨论它们。确实，孩子应该学会思考这些问题。以下是一个有声思维的实例：

我应该相信什么样的陌生人？我在这个拥挤的商店迷路了，我找不到妈妈，我应该怎么办？我需要向一个陌生人寻求帮助——但是哪一个才是值得信任的陌生人呢？我原先被告知要小心而且决不能同陌生人说话或跟他们走。那么，我现在该怎么办？我要去问问人吧，这会有危险吗？这些陌生人里面我能相信哪一个？好吧，那些穿着商店衣服为商店工作的人看起来是最安全的陌生人。

严肃的学习面对不确定时总涉及质疑，它绝不仅仅是避免思考的贴题的答案。我们想要孩子在他们不知道该怎么办的时候知道该如何去做，就像老师曾经在工作坊里教授我们的那样。那需要的不是死记硬背的答案，而是对基本问题持续的深思性理解——找出你可以信任的那个人是一生的问题。

总之，一个真正的基本问题是"活的"。即使我们仔细思考寻求答案，它也总是会在尝试回答它时引发更多的问题，不管我们问的是 4 岁的孩子还是 40 岁的成年人。运用基本问题的目标是培养学生如何思考此类问题，而不是寻求巧舌如簧的答案，更不会在绝望中放弃。

还需要注意的是，有很多很好的基本问题可以不受时间和年龄限制而被用来提问。这里有一些"永恒"问题的例子：

◇ 谁是我的观众？接下来我该说什么？怎样说？
◇ 当我被困住的时候我该怎么办？
◇ 领导应该拥有多少权利？
◇ 我和我的生活中，哪些部分是固定的？哪些是可以自由改变的？
◇ 谁是我真正的朋友？
◇ 成为一名美国人将意味着什么？
◇ 我怎样才能将不熟悉的问题转变为熟悉且易于解决的问题？
◇ 这（例如：图片、测试、话剧）有什么含义？
◇ 为什么人类会迁徙？
◇ 我（我们）应该如何做决定？

我们认为此类问题是一个"整体"，因为它们超出了单元所给的任何一个主题，有时甚至是学科领域。它们能够卓有成效地一次又一次地予以提问。运用类似的问题螺旋式推进比那些单调地覆盖上百个主题的课程更有可能产生和加深理解。

基本问题与教授技能

据我们的经验，那些将教学聚焦于概念（在文学、社会研究和科学）的老师更倾向适用于开发和利用基本问题。而那些集中精力于技能开发（例如：数学、语言艺术、物理、外国语和音乐）的老师或许会认为基本问题在他们所教授或期望学生所学到的内容里是不自然和没必要的。的确，我们总能听到诸如此类的评论："基本问题在我的领域行不通。我们只是教授技能，并没有核心观点或具体事件。"

并不是这样的，正如先前我们关于"空间"的例子提出建议的那样。我们主张：在迁移的情境中面临实际的挑战与问题时，我们必须问问题。例如，哪种技能最适用于此？这里最有效率和最有效果的方法是什么？什么时候我应该使用这个策略而不是那一个？观众是如何影响我的表现的？策略性和目的性问题都是"基本"问题。并且，技能的迁移与应用总是需要一些询问策略性问题——那些涉及判断而不是事实的问题。

有时，换句话说，在一种技术领域的基本问题并不是关于概念或理论而是实际地做决定。我们来看几个非常有名的关乎数学如何解决问题的例子（摘自于波利亚《如何解题》）：

◇在此之前你见过它吗？或者你是否见过与此有细微差别的类似问题吗？

◇你知道相关的问题吗？你知道一个有用的定理吗？

◇这里有一个与你先前解决过的问题相关的问题，你能利用它吗？（2004，pp. iv—x）

请注意，作为老师，这些问题需要促进其自我暗示。学习的目标是我们能够独自完成理解意义与迁移应用。并且当我们的表现面临障碍时，文学、数学和其他聚焦技术的学习领域的关键问题总会涉及这些多种多样的元认知暗示。再一次强调，这就是我们为什么将它们称为基本问题并且将其作为一个目标放置在步骤1中的原因：目标是当面临挑战时能够专业地提出正确的问题（然而，你也需要注意，只有当学习者面临一个真实的问题而不是一个简单的带有明显未知性"即学即用"的操练时，这些问题才称得上是基本问题）。表6.2提供了一些例子来帮助你更好地区分思维策略的技能和与技能相关的基本问题。

诚然，当我们才开始学习一种新技能的时候，或许我们不必做决定，目标可能是简单地获得这种技能并能够达到一个熟练等级。但是学生很快就能理解，策略总是和技能的运用相关，也需要做决策。在策略与语境决策中，总能典型地发现核心观点（以及理解与基本问题的结合）。

⊃设计任务：依照先前的讨论，检查你所设计的单元基本问题。是否包括了关于策略和自我提示重要基本问题的技能领域？

表 6.2 与技能相关的基本问题

学科	技能	策略	基本问题
阅读	"读懂"不熟悉的单词	运用上下文线索，找出单词的含义	◇作者试图告诉我们什么？ ◇我是如何找出这些单词可能的意思的？
写作	遵循第五段的文章结构	结合目标与受众匹配你所选择的文字	◇如果那是我的目的与观众，我接下来该如何写作？
数学	分数除法：转化和相乘	问题解决： ◇简化等值表达式 ◇从最终结果反向工作	◇如何将我们不懂的转化为我们所熟知的？ ◇这必须以什么形式结束？
视觉艺术/平面设计	运用色轮来选择复杂的颜色	运用色彩来强化你想要观众所引起的共鸣	◇我想让我的观众有何感受？ ◇我如何最好地运用色彩来传递情感？
木工	使用带锯时，应用正确的技术	测量两次，切割一次	我如何最好地节约时间、成本和能源。

或许，你仍对基本问题存有困惑。表 6.3 中的练习将帮助你更好地理解基本问题，并且它还阐明了一种你可用来确保学生明晰任何挑战性观点的技能。

表 6.3 什么使一个问题成为基本问题？

第一部分：审查下列基本问题（1~6）和非基本问题（7~12）的例子来确定基本问题的一般特征并列出。

基本问题	非基本问题
1. 生物学中结构与功能是如何联系的？ 2. 有效的作者是如何吸引并抓住读者的？ 3. 当技术变革时，谁胜利了，谁又失败了？ 4. 如果不够明确的话，它还是公理吗？ 5. 母语者与言语流畅的第二外语使用者的区别是什么？	7. 蜘蛛有几条腿？大象如何运用它的长鼻子？ 8. 什么是"作铺垫"？你能找出一个故事中作铺垫的例子吗？ 9. "技术（technology）"这一术语最原始的意义是什么（源自希腊词根 techne）？ 10. 通过什么公理我们能证明勾股定理？

续表

基本问题	非基本问题
6. 如果我们不能测量时间，我们的生活将会有何不同？	11. 法国俗语都有什么？ 12. 一小时有多少分钟？一天有多少个小时？
基本问题的一般特征：	

第二部分：运用你所列出的基本问题的一般特征确定以下问题是否是基本问题，以此来检验你对基本问题的理解。如果该问题是基本问题请标记"是"，如果不是基本问题请标记"否"。

                   是   否

13. 文学作品的流行与伟大之间有什么关系？　　　　_____　_____
14. 什么时候签订的《大宪章》？　　　　　　　　　　_____　_____
15. 甲壳类动物是怎么一回事？　　　　　　　　　　　_____　_____
16. 哪位美国总统有着最令人失望的政绩？　　　　　　_____　_____
17. 常识与科学有多大程度的联系？　　　　　　　　　_____　_____
18. 这个模式是什么？　　　　　　　　　　　　　　　_____　_____

第三部分：参照参考答案与说明，完善你对基本问题的认识。

13. 是——开放式的，发人深省的，支持质疑、讨论与辩论。

14. 不是——拥有单一"正确"答案的事实性问题。

15. 不是——尽管或多或少有些开放，但并不一定指向一些重要的观点。

16. 是——开放式的，发人深省的，通过下述提示支持质疑、讨论与辩论（如：为什么？你的理由是什么？）。

17. 是——开放式的，发人深省的，支持质疑与讨论。

18. 或许是——如果它指向一个正确的答案（例如：1，2，4，8，16，_____），那么它就不是一个基本问题；但是如果学生被给出的是没有明显模式的复杂数据时，它就不是一个基本问题。在这种情况下，学生需要运用推理来作出推论并检查它们。

改进后的基本问题一般特点的描述：

理解框架

理解是具体的见解、推论或者是那些你寄希望于学生关于核心观点所得到的结论。你在理解上下的功夫越多，那将在单元设计中处于愈加中心的地位。正如我们在模块 5 所提到的那样，如果你将理解看作是故事或单元的深层寓意的话，你或许会发现那很有帮助。在 UbD 理论中，理解具有以下特点：

◇理解是完整的陈述，这种陈述反映了核心观点内容（那些你特别想让学生理解的观点）的结论。例如，"我希望学习者能够理解，对于一个保障人民权利的民主国家来说，一部成文宪法和法律的编码规则是必不可少的"。

◇理解只能通过引导学生推理来帮助他们识别、做出并检验结论来获得。因此它们并不是那些可以被教授的事实。理解通常并不明显，在本质上是抽象的，有时会具有隐蔽性并且会被学生所误解。所以说简单地"教授"理解并不能确保学生就能学会它。

UbD 理论初学者在被要求阐述理解时总是会错误地来罗列主题（例如，"我想要学生理解内战"），而不是说明他们想让学习者通过学习内战而得出什么结论。如此看来，作为一项实际技能，我们希望你能运用模板里的一些词语："我想让我的学生理解……"。所以，在我们内战的例子中，改进后的结果应该是，"我希望学生能够理解战争总是为解决历史经济与国家权益问题而发起，使用奴隶是否道德并不是战争发起的唯一原因。"

➲设计建议：当你在尝试思考如何将内容标准与目标转变为理解而毫无头绪时，试一下下面两个提示：

◇虽然那些是他们必须学到的事实，但是这些事实的真正意义又是什么？

◇如果单元内容是一个故事的话，那么这个故事（这里指的是单元）的寓意又是什么？

这里我们列出了各种学科领域有着重要寓意的一些例子。请注意，它们是对于目标理解的完整概括。

代数：代数解决问题的目标是将那些未知而不熟悉的模糊关系通过等效的陈

述转化为我们所熟知的内容。

算术：不同的数字系统（如：复数）和表达形式（如：小数）能够表示同样的数量。目标、环境与易用性决定了最好的选择。

艺术：伟大的艺术家总是能打破传统、常规与技能来更好地表达他们所看到和感受到的事物。自信而又自由的社会更愿意容忍那些非正统艺术所导致的动荡。

经济：在自由市场经济中，价格是供给和需求的函数。

地理：一个地区的地形、气候和自然资源会影响其文化、经济以及当地居民的生活习惯（地理即命运）。

文学与阅读：一个好故事总能通过遗漏重要事实或提出问题（紧张、神秘、困境和不确定）来使读者想象接下来会发生什么。

数学：需求的方法和精度视情况而改变。数学模型有阐明复杂现象的功能，但是也有扭曲其意义的可能性。

音乐：流行音乐已经完成从强调旋律到强调多层节奏的转变（如果没有飘忽不定的节奏，就称不上是真正的音乐）。

体育：不可预测（节奏与方向）的移动是寻求有效进攻的关键。为球创造空间只是一种增加得分机会的方式（在足球、橄榄球、曲棍球、篮球和其他运动中）。

科学：相关性并不意味或确保是因果关系。

世界语：翻译很少涉及一字一字相互对应。许多词语都是惯用语，仅仅因为你翻译出了每一个单词并不能说明你理解了说话者所要表述的意思。

写作：自嘲性幽默是一种有效（而又讽刺）地说服读者的方式。

正是由于运用了基本问题，使一些理解比其他更具有包容性。有时，我们想让学生得出的推论同单元内容紧密相关，但其他时候，我们则想让他们体会粗略概括的功效。

➲ **设计建议**：如果您在尝试思考那些你所希望学生能够获得的理解陷入困境时，不妨换个角度来思考，也就是说来克服那些可预知的典型误解。有时，思考学生拥有的具体误解比你想让他们获得的理解要容易得多。

理解与老生常谈

那么你现在可以提出一个与单元主题相关的整句话概述了。不幸的是，这并不能确保你已经明晰了一个值得学习的真正理解。正如一些基本问题实际上非常"老师化"那样，对设计新手来说，明确模糊概念、老生常谈的内容或那些他们想让学生学习而不是理解的事实是很常见的。我们提及模糊的概念和老生常谈的问题是什么意思呢？看一下这几个例子：

◇历史即民族与文化随着时间的兴旺与衰落。

◇物体沿着可预知的路线下降或运动。

◇数学涉及图形。

◇优秀的读者能仔细阅读非小说类作品。

你发现这些例子中的共同点了吗？它们要么模糊不清要么难以确定，因此也变得对单元设计或促进学生学习没有帮助。从某种意义上讲，大多数学生对早已熟知的事物并不能达到我们所要求的理解。并且，塑造理解的目的是明晰来之不易的见解，而这些见解只能从挖掘内容和重要的结论中得出。这里是一些关于真正的理解是什么的老生常谈的建议：

◇历史总是由胜利者来书写，这使得理解真实的人类文明变得比较困难。

◇$F=ma$（合力＝质量×加速度）。

◇看似随意的数据往往能反映"优雅"的函数关系。

◇优秀的读者在阅读非小说文本时能够把握好尊重作者观点与怀疑其真实性之间的度。

请注意，教师基于这些描述对单元应教授和强调的内容有着清晰的认识。而且也要特别注意这个悖论："理解最终成为我们心中的'事实'；许多我们称之为'事实'的事情实际上正是现在熟悉的理解。"

如果你教年龄很小或没有经验的学生，或许会与我们所提及的先前一系列说明产生明显的分歧。"对于5岁的孩子来说，这四种原始的观点都不是很明确，它们更适用于青少年或年龄更大的学生。"你或许是对的。这就是为理解而教要比为内容获得而教更具挑战性的原因。一个人无论有无知识与技能，一旦来之不易的见解变为我们所熟悉的实用性知识时，理解就会随着时间而源源不断地产生。

另一方面，我们仍将认为那些理解对学生尤其是年龄偏小的学生来说太过模糊。"优秀的读者阅读时比较仔细"——这句话真正的含义是什么？想要成为一个细心的读者应该怎么做？老师可以一遍又一遍说这些，但是它并不能给年轻读者提供关于如何变得细心的任何帮助。最好的理解是用来帮助老师和学生知道单元想要达到的具体的见解。根据定义，学生没有开始去理解"他们的理解"！他们甚至当实际听到或读到"理解"时都不知道它的含义。这才是单元的重点：帮助学生理解它。

理解与技能

引入了基本问题这一概念后，认为在聚焦技能的教学中没有核心观点，这是一个典型的误解。在诸如阅读、写作、数学、世界语、职业规划、体育和其他强调技能发展的课程里，总能在策略、理念或技能价值中发现要求理解的东西。例如，这是一个聚焦技能的运动技能（例如：投掷棒球或橄榄球，挥动高尔夫球杆，扔飞镖等）的理解："当你遵循（在你的投掷或击打环节中）这种理解时，你会得到更大的力量与更好的控制。"这种理解使学生能够在练习这种技能（小心地遵循）的同时可以监测其带来的影响。正如教练在田径中所倡导的"细心"实践一样，教师同样可以在学术领域培养基于技能的理解。

➲ 设计建议：在技术领域，理解总是反映了策略的合理性并因此归纳出最好的实践。采取策略——例如"始终将视线保持在球上"——并解释其合理性："大多数运动员在挥杆时总是不能够集中视线。你需要通过特意的动作，在你挥杆时保证视线在球上。"

➲ 设计任务：依照先前的讨论与设计提示来检查你所设计的单元中的理解。怎样才能通过对理解的编排来尽可能地归纳出那些你想要学生得出的推论和希望学生获得的见解。

如果你对理解仍很困惑的话，表格 6.4 的练习对你会有所帮助。

表 6.4 塑造理解

第一部分：审查下列值得理解（1-5）和不值得理解（6-10）的例子来确定有效塑造理解的一般特征并加以列出。

值得理解	不值得理解
学生将理解：	学生将理解：
1. 在自由市场经济中，价格是供给和需求的函数。	6. 长途电话费在过去的十年里有所下降。
2. 真正的友谊是在困难时期而不是快乐时期显示出来的（患难见真情）。	7. 真正的友谊。
3. 统计分析与数据呈现总能揭示并不显著的关系。	8. 平均数、中位数和众数是测量集中趋势的值。
4. 游泳项目中，效率最高效果最好的划水技能是尽可能将水沿直线往后推。	9. 当自由泳时，他们不应该弯曲手臂。
5. 太阳给地表和大气进行加热，驱动大气以及海洋的对流，进而产生了风和洋流。	10. 风是大自然的一种力量。
值得理解的一般特征：	

第二部分：运用你所列出的值得理解内容的一般特征确定以下例子是否能够框定为值得理解的内容。如果是值得理解的内容请标记"是"，如果不是请标记"否"。

　　　　　　　　　　　　　　　　　　　　　　　　　　　　　是　　　否

11. 夏眠的概念。　　　　　　　　　　　　　　　　　　　_____　_____
12. 美国农业部食物金字塔为均衡饮食提出了一个相对的准则。　_____　_____
13. 数学模型将实际简化为有用的解决方案。　　　　　　　　_____　_____
14. 如何分辨时间。　　　　　　　　　　　　　　　　　　　_____　_____
15. 美国内战的原因与影响。　　　　　　　　　　　　　　　_____　_____
16.《大宪章》于 1215 年 6 月 15 日签署。　　　　　　　　　 _____　_____

第三部分：参照参考答案与说明，完善你对值得理解的描述。

11. 不是——阐述了学习这个概念，而不是应该学习关于这个概念的相关理解。

12. 是——这句话中,"相对的"这个词语显示了这并不是对健康饮食的单一规定或僵硬的形式,而是考虑到了个体与文化的差异。

13. 是——这是一个迁移的观点,适用于整个学习与生活。尽管深层次模型有用,但在精简实际中的一些潜在成本时,效果并不明显。

14. 不是——技能型目标并没有说明有关描述时间所应掌握的理解。

15. 不是——说明了主题而不是关于原因与影响的理解。

16. 不是——陈述了一个事实而不是观点。

改进后的值得理解的内容的特征:

资料来源:© 2004 ASCD. 版权所有。

自我评估——回顾模块 6 的标准

根据下方的标准自我评估你最近的单元设计:

◇单元内容是否围绕迁移性核心观点(例如:概念、主题、议题/讨论、流程、问题、挑战、理论、假设等)来展开?

◇是否所有确定的基本问题都是开放式的?都有可能引发思考与质疑?都指向重要的理解?

◇我们所确定的理解是否基于迁移性的核心观点?

◇完整概括所需理解是否满足"学生将理解……"

◇步骤一中所有的要素(确立的目标、理解、迁移目标、基本问题、知识与技能)是否有效地联系起来?

完善营养单元

我们通过返回营养单元以及对步骤 1 进行完善来结束本模块。请注意,在表 6.5 中,理解依据可预知的学生误解,塑造成完整概括,基本问题也包含在内。

表 6.5　营养单元中的扩展理解与基本问题

单元主题：营养

科目：科学

年级：5~7

学时：3 周

步骤 1——预期学习结果

理解

学生将理解：

◇平衡饮食促进身体与心理健康，并使人容光焕发充满活力。缺乏营养导致许多健康问题（相关误解：如果食物对你有好处的话，那么吃起来一定很无味）。

◇健康饮食需要个人依据营养饮食的相关知识来采取行动，即使这意味着将要打破舒适的饮食习惯（相关误解：只要我身材苗条，我吃什么都可以）。

◇美国农业部食品金字塔对健康饮食作了定义，但是健康的饮食方式由于个体的年龄、生活习惯、文化和继有食物不同而有所差异（相关误解：每个人都必须遵循相同的健康饮食方式）。

基本问题

◇什么是健康饮食？

◇你是一个健康的饮食者吗？你是怎么知道的？

◇对一个人而言健康的饮食为何对另一个人却是有害的？

◇尽管有关健康饮食的资料可以自由获取，为什么还会有如此之多的因营养不良而导致的健康问题产生？

资料来源：© 2004 ASCD. 版权所有。

你可以在网上找到一些作业单来帮助你开发核心观点、理解基本问题：表 6.6 核心观点头脑风暴、表 6.7 基本问题头脑风暴、表 6.8 由主题到核心观点、表 6.9 核心观点的表现、表 6.10 发现技能里的核心观点、表 6.11 技能领域基本问题举例、表 6.12 明确理解、表 6.13 技能到观点再到理解。

有关本模块观点的更多信息，请参见：

《通过设计促进理解：专业发展实例》(*Understanding by Design*:

Professional Development Workbook，McTighe & Wiggins，2004)，91 页：基本问题的特点，93—103 页是多种学科领域基本问题的举例，104—105 页是基本问题与技能，106 页是运用基本问题的建议，108—110 页是理解的附加例子（意义)，118 页是技能领域的理解。

《通过设计促进理解（第二版)》(*Understanding by Design*，*2nd ed.*，Wiggins & McTighe，2005)，第 5 章和第 6 章广泛讨论核心观点、理解和基本问题。

《通过设计改革学校教育：使命、行动和成就》(*Schooling by Design*：*Mission*，*Action*，*and Achievement*，Wiggins & McTighe，2007)，第 3 章提供了有关总体理解与基本问题的附加例子。

参考文献

Bruner，J.(1960). *The Process of Education*. Cambridge，MA：Harvard University Press.

McTighe，J.，& Wiggins，G.(2004). *Understanding by Design*：*Professional Development Workbook*. Alexandria，VA：ASCD.

Pólya，G.(2004). *How to Solve It*：*A New Aspect of Mathematical Method* (*Expanded ed.*). Princeton，NJ：Princeton University Press.

Wiggins，G.，& McTighe，J.(2005). *Understanding by Design* (*2nd ed.*). Alexandria，VA：ASCD.

Wiggins，G.，& McTighe，J.(2007). *Schooling by Design*：*Mission*，*Action*，*and Achievement*. Alexandria，VA：ASCD.

模块 7

确定理解的证据和开发评估任务

目的： 确定理解性目标的有效证据，并运用理解的六个维度来开发评估任务。

预期学习结果： 单元设计者能够了解如下几点：
◇理解由六个方面所呈现：解释、释义、应用、洞察、移情和自知；
◇理解的六个维度为评估提供了有趣而又有用的方法。

单元设计者将能够：
◇运用理解的六个维度开发理解所需（同单元主题相关并有助于理解意义与迁移）的证据。

学习本模块最终的产物将是一个包含阶段一中评估理解性目标的改善的单元计划。

如果你认为有必要进一步思考关于理解性目标评估的内容，请认真研读模块 7。

如果你已经对理解的六个维度比较熟悉或者是想知道如何设计有效的理解性评估，可直接跳模块 7。

在模块 5 中我们曾让你详细地思考了阶段一中的四种学习目标：知识、技能、理解和迁移。在本模块中，我们聚焦两种理解性目标并细致解读阶段二中所需的评估证据。

理解的证据

回忆 UbD 理论中逆向设计前两步的主要逻辑：

◇预期学习结果是什么？

◇如果这些是预期的结果，那么我们应作什么样的评估呢？

正如前面提到的那样，当我们的目标是理解时，需要证据表明学生已成功完成了内容的理解意义（例如，可以用健全的推论或建立有效的联系并解释这些），而不是仅仅复述一些老师或课本所讲的内容。此外，我们正在寻找学习者在没有老师提示的情况下，将先前知识迁移至新的环境或前瞻性任务的能力。这两种能力都要求学习者也能够持续不断地提出基本问题。

要想提出一个有效的理解性评估，要想让所设计的任务或测试发挥作用，就必须主要关注学生的理解程度，而不仅仅是机械的记忆、准确的复述、创造好产品或在别人面前注意表现技能这么简单。换句话说，作为评估者，我们必须清楚理解的基本指标并且不能被无关紧要的学生表现的质量和特点所影响。

以下提示（对应于刚才的对比）暗示了将来的挑战：

◇的确，学生能言善辩并提供了一些事实，但是她的论证是否符合逻辑以及是否涵盖了第二次世界大战单元中的基本内容？

◇不幸的是，他忘记了《夏洛的网》里的一些细节，还有他没能够抓住友谊主题的重点和结果以及作者的动机。

◇是的，他的说唱技艺纯熟并极具娱乐性，但是说唱有没有提供对温迪柯西（Winn Dixie，测试本来想要集中的目的）理解的确凿证据？

我们的重点不是诸如事实复述和口语能力等从未指望过的特点，相反，因为我们的目标是理解，所以评估也应该聚焦于此，即便是我们也想给出工作质量、精确度等其他因素的反馈。

大家请回忆一下我们在模块 4 中检验效度的两个问题测试：学生能否完成学业但并没有达到真正的理解呢？反之，在具体测试中表现不佳的学生能否基于其他测试被认为是达到理解这一程度的？在表格 7.1 中，基于本模块的思想，我们为你的测试提供了一个更为综合的评估。

表 7.1　运用两种问题的有效测试

目标：能将两种问题的有效测试运用到评估中

要求：运用以下问题提示，检验单元评估

阶段一：预期结果			
阶段二：评估办法			
	非常可能*	一般	非常不可能
1. 学生在以下评估中取得优异表现的可能性			
◇			
◇			
2. 学生在以下评估中取得不良表现的可能性			
◇			
◇			

＊"非常可能"意味着该评估与其他评估不一致。

资料来源：© 2004 ASCD. 版权所有。

较之于制订测验来检查复述事实或掌握孤立技能，对理解作出评估是如此之困难。总是有这样的危险——学业表现中的不同变量或许迷惑、误导我们认为其是学生真正理解的东西。毫无疑问，老师和评估专家长期青睐于涉及支离破碎的知识与技能的简单测试，因为这种测试无论是从设计、管理还是计分都更为快速、低价和很少有争议。然而，一般来说，这种评估并不能为真正的理解提供有效而引人注目的证据。

对迁移作出评估

常识表明，真实理解的最终测试涉及迁移的能力：学习者运用其在学校里所学到的东西能做什么？尽管理解意义是很有必要的，但也是不能有效论证的。作为教育工作者，迁移是我们所应关注的。学习者必须不仅能够思考而且能够有效地运用他们的观点、技能和知识。这就是为什么我们将迁移放在阶段一的最顶层以及在阶段二中强调迁移性任务的原因。

但是迁移并不意味着只是将内容嵌入熟知的格式、合适的问题和熟练的练习。迁移能力的有效评估需要两种要素，而这两种要素仅在复述中是难以发现的：外观与感受都比较新颖的任务和让学生将先前知识运用于具体情况的环境。最后，学生必须能够独立地作出判断与应用，正如我们在模块4中简单讨论的那样。

这并不是一个新的或有待论证的观点。布卢姆和他的同事们（1956）早在几十年前就在教育目标分类中提出了这一观点：

如果情况涉及我们这里所定义的应用时，那么它们要么是对学生来讲是新的环境或者是需要新的要素来对比所学的抽象知识的环境。理想情况下，我们在寻找一个测试个体以实际的方式来运用抽象内容的问题。（125页）

请注意，相对于即学即用，两个短语强调了真正迁移所需要的：我们在寻找一个对学生来讲比较新颖的问题设置环境，我们在寻找一个测试个体以实际的方式来运用抽象内容的问题。学到一个概念、公式、方法、原理、理论或者策略时，我们需要弄清楚学生在没有老师的指导下能否在具体不熟悉但最终可控的环境下加以灵活运用。

这里有一些与抽象观点相关的迁移任务的例子：

◇运用写作技能（真实的技能）给父母写一封有说服力的信，来争取更多的零花钱（具体任务，目的，对象）。

◇运用你对牛顿运动定律的理解（抽象观点）设计一个刺激但又安全的游乐园并解释所涉及的不同种类的力（具体任务）。

◇制订一个公式和图示（一般数学知识）来比较不同手机通话计划的价格（具体环境数据）。

◇运用你对"朋友"一词的理解（一般概念）判断故事中的青蛙和蟾蜍是否一直表现得像真正的朋友一样（具体环境）。

正如你在阶段二中思考的评估理解那样，学会迁移（和理解意义）不仅仅是掌握内容，而是从目标逆向设计来安排评估，这是非常重要的。你或许希望回头审视一下模块4到模块6中对自己单元目标问题的原始答案，因为这些问题需要迁移的任务。你或许也期望根据迄今的讨论来编排自己的迁移目标。

理解的六个维度

迁移有多种方式来表达。更具体地讲，迁移作为理解的一种表现形式，可以通过这里总结出的理解的六个维度来加以揭示。那些能够理解并迁移其所学的个体可以做到以下几点：

◇解释（explanation）是指学习者能够运用概念或原理，结合所提供的系统而又合理的现象、事实和数据，来建立深层次的联系并能够给出合理的说明与论断。解释是一种复杂的、恰当的说明和阐释。

◇释义（interpretation）是能够有意义地叙述情节，提供合适的翻译以及从客观或自己角度来揭示事物的意义。学习者通过想象、听取轶闻、类比和模仿等方式揭示事物的含义，其目的在于表现"理解"而不是解释。特别强调用自己的语言来讲述。

◇应用（application）是指能够在复杂的真实环境中运用和调整所学的知识，也就是能够真正地将课程知识迁移到实际环境中。应用维度注重所学知识与具体环境的联系，或者说应用是一种情境性技能。

◇洞察（perspective）是指评判性地看待或听取想法与观点，能够从整体上认识并理解事物之本质，学生能够运用多种不同的方式来分析某个出现的问题，并从多个角度用不同的方法加以解决。

◇移情（empathy）强调从他人角度看待问题，即能够深切体会别人的情感，同时又能很好地控制自身的情绪。移情意味着站在别人的立场，以别人的眼光，换位思考地看问题。

◇自知（self-knowledge）即展示元认知意识的智慧，能够意识到个人风格与思维偏见以及思考习惯对自身理解力的影响，正确地认识自我。能够意识到自己所不理解的内容并反思学习和经验的意义。

我们并不认为这六个维度代表了一种揭示人们是如何达到理解程度的理论。相反，这些维度被认为是六个有帮助的透镜或指示器，来帮助我们认识理解是如何在行动中被揭示的——表现、作品、词语或行为。因此，它们为确定学生理解深度与广度的多种评估提供了一个实用框架。

运用六个维度

为了说明六个维度是如何为评估提出建议的，我们不妨先回顾一下表 7.2。表 7.3 则帮助我们将理解的六个维度放在逆向设计前两步同等重要的位置并铭记六个维度以及步骤一的目标，这向我们展示了如何确定评估。在表 7.4 和 7.5 中，你会发现更多关于运用六个维度的提示与想法。

理解此时的目标并不是必须建立一个适用于所有六个维度的评估任务。的确，并不是每个维度都能很好地适应于每一种理解。这里也没有一个配额标准，毕竟质量并不等同于数量。给出这些维度只是帮助你激活适当的评估思路。实际上，你或许只运用所列出的一个或两个观点来完成单元评估。尽管如此，许多教师发现，当他们综合考虑六个维度时往往能提出有价值的观点。例如在图 7.5 中应用一栏的第四个词语是"调试"（debug）。以下是一个基于那种观点的评估任务：

阿尔贝托想确定两种洗衣粉哪种的效果更好。首先，他将洗衣粉 A 运用于一件有着水果汁和巧克力污渍的 T 恤上，接下来他将洗衣粉 B 运用于一件有着草渍和锈迹的牛仔裤上，然后比较两个的效果（说明：阿尔贝托为了区分哪种洗衣粉更好做错了哪些事？他应该如何改进自己的实验？）。

表7.2 基于六个维度的表现型任务思路

科目＼维度	解释	释义	应用	洞察	移情	自知
历史/社会研究	提供概念澄清（例如：比较自由与肆意，第三世界的含义）。	运用主要资源开发一个显著描述19世纪60年代的口头历史并写成历史传记。	设计一个揭示20世纪初期大移民原因与影响的博物馆。	比较你的教科书同英国和法国教科书对革命战争的描述。	角色扮演心目中的重要会议（例如：杜鲁门决定投放原子弹）。	自我评估你参与课堂讨论与表现的程度并解释你的参与方式。
数学	研究一个普遍现象（如：天气数据），揭示数据中细微而又容易被忽视的模式。	做一个无限数据集的趋势分析。	为评估棒球运动员在关键时期的作用，开发一个新的数据统计模型。	计算成绩时，检查运用不同统计数据所带来的差异（例如：平均数、中位数）。	阅读《平原》以及数学家之间的通讯，来解释为什么担心研究成果的发现；写一封反思性论文来解释新观念，甚至抽象的观点。	开发一种统计办法，对自己的知识的优劣势重新进行简单的描述。
英语/语言艺术	说明为什么一个特别的修辞技能在演讲中是十分有效的。	"霍顿怎么了？"让麦田守望者的主角有存在感。	什么造就了书的伟大？为学校图书馆你最喜欢的一本书制作一个录音评论。	阅读并讨论沃尔夫的《三只小猪》这一真实故事。	在流动厨房的工作，读了一本查尔斯·狄更斯的书，写一篇流浪者经历的文章。	在你所写的反映写作过程的每一篇文章中都附加一个自我评估。

续表

维度 科目	解释	释义	应用	洞察	移情	自知
艺术	解释沉寂在音乐中的作用。	运用视觉拼接或舞蹈来表示恐惧与希望。	针对一个学校问题，撰写并表演一个独幕剧。	评判莎士比亚同一部戏剧的三个不同版本（专注于一个关键场景。）	想象一下你是朱丽叶，鉴于你糟糕而又悲惨的经历，自己会有什么感受与想法。	保留日记，记录最能反映情感剧的课堂练习。
科学	将日常行为生活与物理定律相联系（例如：比较质量与重量）。	对池塘水进行化验以确定藻类问题是否严重。	对当地溪水进行化学分析来监测EPA是否符合规定并公布结果。	开展思想实验（例如爱因斯坦的"如果我在一束光上行走，我看到的世界将是什么样子"）。	阅读并讨论现代化之前或者令人怀疑的著作来鉴别似是而非的"逻辑"理论（及时的免费提供信息）。	基于你的团队中出现问题的环节提出解决低效协作学习活动的建议。

资料来源：© 2004 ASCD. 版权所有。

表7.3 利用理解维度设计评估观点

阶段一	阶段二	
如果预期目标是让学习者……	接下来，你需要证明学生有能力……	那么，评估需要体现出……
理解	解释 为什么相似的商品由于供给与需求不同而呈现出截然不同的价格	◇给出为什么有些具体条目（例如：滑雪缆车票）的价格是供应与需求的函数的口头或书面说明

续表

阶段一	阶段二	
◇价格是需求与供给的函数	释义 价格数据（例如：同一商品的价格随时间变化而变化）	◇制作一个 PPT 来说明价格（如：汽油或住房）伴随时间的波动
	应用 为将要售卖的商品设置合理价格	◇通过对消费者的研究来为学校商店或募捐建立价码
深思熟虑地考虑问题 ◇什么决定了物品的价格？ ◇怎样才称得上是一个"好的"价格？	从……角度来看待： 同一商品的买家和卖家	◇在跳蚤市场、车库售卖或易趣网站上扮演卖家与买家进行讨价还价，以此来说明价格的不同视角
	移情 产品的发明者尝试设定一个价格，而购买者将遵循	◇作为一名消费者、发明家或商人写一份日常账务来揭示与同行的思想和感情有关的交易
	克服天真的想法或偏见： 商品具有本质的价值和不变的价格 洞察 "标价"对你购买习惯的影响	◇描述一个能使你理解商品并没有内在价值或固定价格的具体案例

资料来源：© 2004 ASCD. 版权所有。

表 7.4　六个维度的问题框架

解释
◇ _____ 的核心观点是什么？
◇ _____ 的例子有哪些？
◇ _____ 的特点与角色是什么？
◇这是如何发生的？为什么这样发生？
◇什么导致了 _____？_____ 的影响是什么？

续表

◇我们是如何证明、确定与辩解_____？

◇_____同_____是如何联系的？

◇如果_____将会发生什么？

◇关于_____常见的误区是什么？

释义

◇_____的含义是什么？

◇_____的影响是什么？

◇_____揭示了什么？

◇_____与_____有哪些相像之处？（类比/隐喻）

◇_____是如何同我/我们联系的？

◇那又怎样呢？它为什么重要？

应用

◇何时我们如何运用这种_____（知识/过程）？

◇_____如何适用于更大的世界？

◇_____如何帮助我们_____？

◇我们如何运用_____来克服_____？

洞察

◇关于_____看法的不同点有哪些？

◇从_____的角度看会如何？

◇_____和_____有何相同或不同？

◇对_____来说，其他可能的反应是什么？

◇_____的优势与劣势都有哪些？

◇_____的局限是什么？

◇_____的证据有哪些？

◇证据是否可信而又有效？

移情

◇穿上_____的鞋子，走起路来会怎样？

◇怎样才能感受得到_____？

续表

◇怎样才能达到关于_____的理解？
◇_____试图让我感知什么？

自知

◇我是怎样知道_____的？
◇我在_____知识上的缺陷是什么？
◇关于_____我的"盲区"在哪里？
◇我如何最好地呈现_____？
◇我的_____观点是如何被_____（经验/习惯/偏见/风格）塑造的？
◇_____上我的优缺点有哪些？

资料来源：© 2004 ASCD. 版权所有。

表7.5 同理解的六个维度相关的行为动词

解释	释义	应用	洞察	移情	自知
演示	创建类比	适应	分析	像	意识到
派生	批判	建立	争论	开放	实现
描述	证明	创建	比较	相信	认识
设计	评估	调试	对比	考虑	反馈
展示	说明	决定	批评	想像	自我评估
表现	判断	设计	推断	涉及	
促使	创造意义	展示		角色扮演	
指导	弄懂	发明			
辩解	提供隐喻	演出			
模型	领悟言外之意	生产			
预测	代表	提出			
证明	讲述故事	解决			
显示	翻译	测试			
合成		使用			
教					

资料来源：© 2004 ASCD. 版权所有。

误区提示

关于理解的六个维度及其应用有两种常见的误解。

1. 这六个维度是按照一定的等级层次所列出，就像布卢姆的教育目标分类。实际上并不是这样的。

2. 当我们评估理解时必须运用所有的六个维度。设计者应该根据内容本质或理解需要选择一个或几个方面。例如：释义和移情适合用来评估学生对小说理解的维度，而应用和解释则适用于自然数学运算。

➲设计任务：检查你在单元中所确定的理解性目标并了解其如何更好地评估运用理解的六个维度中的一个或几个。

➲设计建议：体会六个维度的乐趣。因为它们并没有代表等级与限额，所以不必全部都要应用。它们只是简单地代表了基于理解表现型任务设计的有趣可能。不要强求（例如在数学课上创造一个"移情"的任务）。然而，当一个化学老师处理以下任务时需要考虑到移情：为"死去"的元素写一份讣告来解释该元素流失所带来的影响。

任务和指标 一旦我们开始考虑适宜的目标证据有多少时，我们也会意识到两个相关而又不同的问题总是在阶段二中被提及。

1. 如果学习是成功的，那么学生应该在何种具体的表现中做得很好？换句话说，如果我们的教学目标已经达到，那么我们发现了哪些有效的任务评估、问题与挑战？

2. 我们必须知道怎样才能够说目标已经完成——不去管项目、问题、任务或者是表现类型的特殊性。在学生的学业成果与表现中，我们应该从何处出发寻找什么——不去管测试的特殊性——来确定是否成功地实现了预期目标。

这两个问题在 UbD 模板中有所涉及。阶段二将要求你考虑提供阶段一目标证据的任务（上述第一个问题）以及阶段一目标的证据标准（上述第二个问题）。一旦我们清楚自己在寻找什么，答案将体现在分数量规和检查清单中（我们将在后面的模块中详细介绍标准、指标和量规）。

为迁移而教意味着为熟练而评估

如果目标是学会迁移的话，那么就应该期望学习者能够独自理解并运用知识与技能。总而言之，作为教师我们一贯的宗旨是自治自律，让学生离开教师自主学习。那意味着随着时间的推移，我们不得不在自我调节表现之后加以评估（一名教师在向自己的学生介绍自己的角色时如是说道："作为老师，我的目标是你们最终不再需要我。"）。

我们来看一下运动。目标是当教练在场下时你自己也能够很好地玩这种游戏。所以，实践总是细心地来设计游戏，在混战和游戏中持续地形成评估，以及依靠理解逐渐独自完成学业表现的能力。我们的角色是考核设计师，所以随着时间的推移，我们在设计评估时要提供越来越少的提示、脚手架、暗示和提醒；我们的评估需要学生不断地提高自我指导、自我监控以及自我调整的能力。

教材评估

我们对理解意义和学会迁移的讨论应该会让你怀疑一些教科书所提供的评估，其合理性多大？教科书中有多少你可以如此利用的？在单元中又有多少你不得不脱离教科书而独自开发并给出具体的目标与环境？

花几分钟浏览与你现在所教授单元的教科书的相关评估章节。给出你的预期目标以及同预期目标相关联的评估，教科书中哪些可以作为合理的评估——也就是说，适用于你阶段一具体的目标元素？

➲设计建议：大多数教科书的评估强调孤立的知识与技能目标。很少有教科书崇尚高层次评估来适用于基于理解的目标——即使它们言之凿凿地说明任务与问题需要批判性思维与分析。更为罕见的是，要求学生评估章节和话题之间所建立的联系，尽管这种概括与对比同真正的理解恰恰相反。

自我评估——回顾模块 7 的标准

对照以下自我评估的问题，重新查看你最近设计的单元草案。为理解设计评估。

　　◇需要自动化地迁移应用于新环境。

　　◇反映了理解的六个维度中的一个或几个。

　　需要时，修改单元设计。

营养单元的再改进

表7.6展示了理解的六个维度是如何在我们先前介绍的营养单元设计中用于生成想法与评估任务的。

表7.6　运用六个维度头脑风暴任务

目标	理解的六个维度	关于可能的评估任务的一些想法
理解平衡饮食与身心健康之间的关系。	解释	制订一本小册子来帮助人们理解均衡饮食与营养不良引起的健康问题意味着什么。
理解美国农业部食物金字塔以及饮食规定是如何基于年龄、运动水平、体重和整体健康状况，根据不同的个体因人而异。	释义	讨论：对现代生活而言，快餐的普及意味着什么。
分析个体不同的饮食习惯来确定其营养价值。	应用	设计一张包括健康而又美味的小吃的班级聚会菜单。
设计一餐既好吃又营养均衡的主食。	洞察	通过研究证明食物金字塔指南是否适用于其他地区（例如：南极洲、亚洲、中东），以及不同的饮食习惯对健康的影响。
评估他们的饮食方式并制订一个更为健康的饮食计划。	移情	描述鉴于医疗条件，你生活在一个限定食物的环境里会有何感受。
	自知	审查你的饮食习惯。你多大程度上是一个健康饮食者呢？你将如何变成一个更为健康的饮食者？

资料来源：© 2004 ASCD. 版权所有。

为获取更多地运用理解六个维度来开发评估性任务的案例，你可以参见以下在线表格：表 6.7 运用理解的六个维度开发评估思想；表 6.8 迁移目标对于任务意味着什么；以及表 6.9 分析教科书与教学设计资源。

有关本模块观点的更多信息，请参见：

《通过设计促进理解（第二版）》(*Understanding by Design*, 2nd ed., Wiggins & McTighe, 2005)，第四章"理解的六个维度"，迁移应用的目标在很多地方有所提及，包括第 78—80 页。

《通过设计促进理解：专业发展实例》(*Understanding by Design: Professional Development Workbook* (McTighe & Wiggins, 2004)，第 155—172 页以及 197-206 页提供了很多关于理解的六个维度以及相关表现型任务设计的相关工具与练习。

《通过设计改革学校教育：使命、行动和成就》(*Schooling by Design: Mission, Action, and Achievement*, Wiggins & McTighe, 2007)，第 2 章讨论迁移的目标，"操练"与"游戏"的区别，作为课程设计基础的真实素养的本质。第 3 章，讨论了在所有学科领域的核心之处，从迁移目标的角度围绕关键（"基石"）任务来勾勒课程的需要。

参考文献

Bloom, B. (Ed.). (1956). *Taxonomy of Educational Objectives, Handbook 1: Cognitive Domain*. Chicago: University of Chicago Press.

McTighe, J., & Wiggins, G. (2004). *Understanding by Design: Professional Development Workbook*. Alexandria, VA: ASCD.

Wiggins, G., & McTighe, J. (2005). *Understanding by Design* (2nd ed.). Alexandria, VA: ASCD.

Wiggins, G., & McTighe, J. (2007). *Schooling by Design: Mission, Action, and Achievement*. Alexandria, VA: ASCD.

模块 8

为理解而学

目的： 精炼学习计划（步骤 3）来帮助学生获取目标知识与技能，建构核心观点，并且能够在将来有效地迁移所学。

预期学习结果： 单元设计者能够了解如下几点：

◇有三种不同的学习——掌握知能（A），理解意义（M），学会迁移（T），阶段三的学习计划应该妥善对待每一种学习；

◇教师和学生的角色，根据 A-M-T 的目标有所不同；

◇掌握知识与技能并不是最终目标，而是获得理解与迁移能力的途径。

单元设计者将能够：

◇以内容知识与技能为途径，通过开发一个以理解意义和学会迁移为目标的学习计划，精炼自己的单元设计；

◇为各种 A-M-T 目标设定合适的教学和学习活动。

如果你还不能够制订一个妥善处理三种学习目标（掌握知能、理解意义与学会迁移）的学习计划，请认真研读模块 8。

如果你已经能够制订一个妥善处理三种学习目标（掌握知能、理解意义与学会迁移）的学习计划，可跳过或晚些时间再回到模块 8。

在阶段一中，UbD 模板要求单元设计者参考所给出的目标来区分不同类型的"预期结果"——学会迁移、理解意义与掌握知能。现在在阶段三中，是时候研究确定目标所需的不同种类的教学与学习了。

这三种类型的学习——掌握知能、理解意义和学会迁移——所反映出来的值得注意的区别将直接影响到制订学习计划。

1. 掌握知能：事实与技能是被捕捉与习得的。无论是通过直接指导还是自学，可以依次掌握。此类学习的一个关键性指标是学习的熟练程度。学生应该能够尽快地回忆起相关信息（例如：乘法口诀表），并且能够展现某种技能（根据提示不假思索地猜出词语）。

获得知能的教学涉及熟练运用直接教学方法——讲解、呈现、先行组织者/图示组织者、求同提问以及演示/示范。学习者的角色涉及注意力、大量的练习和复诵。

2. 理解意义：理解意义涉及一些智力活动，通过学习者来建构一些内容及其意义。学习者必须尝试通过推理、形成和检验理论以及寻找理解意义的关联与方式来理解那些难以及时掌握的事物。意义并不仅仅是所教所学的东西，意义是挑战和建构的东西，意义是人所赋予的。

教学的意义是什么？教师难以简单地传递洞察力，因为抽象概念的含义必须最终考虑和测试学习者的心态。向学生呈现的是那些摒弃简单答案，需要深度思考的问题或知识性任务（该段在文中的意义是什么？它可以意味着很多不同的事情。这是个什么类型的问题？我该如何解答？）。因此，必须帮助学生建立、检验、解释与支持理解意义的精神策略，并且能够养成需要面对挑战与模糊的思维习惯。

3. 学会迁移：学会迁移的能力不同于理解意义，尽管两者有着明确的联系。已经学习了知识与技能并且在教师的帮助下理解了所学的东西并建构意义后，学习者现在必须能够将其应用并适用于新的特殊情景中（我知道如何阅读，我该如何读这篇文章？我知道怎样进行加减法，这里需要哪些操作？在这种情景下，我的答案应达到何种精度？我知道如何写一篇文章，如何处理具体观众、写作目的、期限和字数限制。）

那么当学会迁移作为目标时，教师扮演什么角色呢？教师必须像体育和艺术的教练那样发挥训练、观察、为学习者的表现提供反馈等作用。学习者需要大量的模板与机会来尝试表现——在新的复杂情境中运用所学。教练要示范不同的方法，观察学生表现，提供实时的持续反馈与建议，与此同时促使学生反思所学到的东西和还没学到的东西，并告知原因。当然，学会迁移的最终目标是不再需要教练。因此，久而久之老师的支持与脚手架将逐渐移除，学生学会自己迁移所学东西（以及处理反馈）。因此"教"就是采用"直导教学"和"角色塑造"的途径，其总是在试图提高（越来越自主的）学生在有价值的任务上的表现，永远不要让学生离开老师的提示、提醒以及实际的工具支持。对一般教学方法中所涉及的掌握知能、理解意义和学会迁移参见表 8.1。

一个兼顾教学与学习同 A-M-T 目标关系的方式是运用行为动词来框定学习者应该去做什么（以及应该唤醒什么样的学习活动）从而达到习得与理解。表 8.2 列出了一系列诸如此类的词语。从中我们能够发现，总体来说，教师的工作（在单元设计的指导下）就是帮助学生学习、练习并掌握这些词语所包含的能力。

请注意，优质的教学设计很少去处理哪些是或不是"官方的正确答案"。我们不建议教师过少讲述或者简单地采用苏格拉底研讨会的形式，因为这些事情仅仅是一种时尚或潮流。相反，"如果……那么……"的逻辑是逆向设计的核心：如果你的目标就是学生理解和迁移，那么你就需要使用同这些目标相一致的教学设计。

⊃设计任务：将表 8.1 和表 8.2 所提供的观点运用到教学计划的第三步中去。对教学和学习需要如何帮助学生更有效地获得知识、理解意义和学会迁移你有什么想法？

表 8.1 A-M-T **学习目标和教学角色**

三种相关的学习目标	掌握知能	理解意义	学会迁移
	该目标试图帮助学习者获得实际信息与基本技能。	该目标试图帮助学习者建构（达到理解）核心观点与步骤的意义。	该目标试图增强学习者将所学自动而高效地运用于新环境的能力。

续表

三种相关的学习目标	掌握知能	理解意义	学会迁移
教师角色和教师策略 注意：类似于上述的学习目标，这里的教师角色及其相关的方法为寻求既定学习结果而共同发挥作用。	直导教学 在此期间，教师最主要的作用就是通过明确而具有针对性的指导来告知学习者。必要时开展差异教学。 策略包括： ◇讲解 ◇先行组织者 ◇图形组织者 ◇提问（求同） ◇演示/示范 ◇过程指导 ◇指导性练习 ◇反馈，修正 ◇差异教学	促导教学 在此期间，教师主要是帮助学生能够积极地处理信息并指导他们质疑复杂的问题、文本、项目、事件和模拟，必要时开展差异教学。 策略包括： ◇诊断评估 ◇使用类比 ◇图形组织者 ◇提问（求异）和探测 ◇概念获得 ◇探究性方法 ◇基于问题的学习 ◇苏格拉底研讨会 ◇互惠教学 ◇形成性（持续）评估 ◇理解性笔记 ◇矫正性反馈 ◇反思和反省 ◇差异教学	辅导教学 教师扮演教练角色，在日益复杂的环境下建立清晰的任务目标，给学生提供持续的表现机会（独立练习），建立模型并给出持续化的反馈（尽可能地个性化）。他们在需要时也会给出即时的教学（直导教学）。 策略包括： ◇持续评估，在自动化应用中提供具体反馈 ◇会议 ◇激励自我评估和反馈

表 8.2　A-M-T 的行为动词

目标类型	行为动词
掌握知识	逮捕　计算　定义　考辨　确定　巧记　注意　释义　插入　召回　选择　状态
理解意义	分析　比较　对比　批判　辩护　评估　解释　概括　解释　证明/支持　检验　汇总　合成　测试　翻译　验证
学会迁移	适应（根据反馈）　调整（根据结果）　应用　创建　设计　创新　有效执行　自我评估　解决　疑难解答

编码学习计划

A-M-T 分类作为从目标视角审视学习计划的分析框架被证明是有效的。我们推荐这种分类实际上是希望你能用 AMT 三个字母来编码阶段三中的教学计划和学习活动。（例如：此处的教学是否致力于帮助学生掌握基本信息？此处的学习活动是否旨在帮助学生建构核心观点的意义？）表 8.3 给出了在科学（物理）、英语/语言艺术（阅读）和数学（线性方程组）上的此类编码单元的例子。

注意：A-M-T 目标分类在实践中并不总是单一确定的。一个学习活动涉及理解意义的同时或许也强调掌握知能。类似的，当学习者尝试迁移所学时，他们总是加深了对重要概念的理解（理解意义）。编码的目的是简单地帮助学习者明确他们教学计划与学习活动的主要目的。

➲设计任务：查看当前的阶段三，并用 A-M-T 编码教学和学习活动（如表 8.3）。三者之间能否保持适当的平衡？教学活动在什么程度才能够妥善解决阶段一的全部目标？如需要，请根据以上考虑调整学习计划。

➲设计建议：特别注意！如果你（或教材）仅仅是为学生提供预先包装好的"意义"（例如：比较、批评、解释、总结）和简单的一步一步的应用程序（例如，根据指导，"把插头插入插座"此类的简单任务），那么这并没有教授"理解"，不管内容何等重要，总结如何精确。

表 8.3 运用 A-M-T 编码学习活动

阅读完下述例子后，尝试以知识与技能的获得（A）、理解意义（M）、学会迁移（T）来编码学习活动。

科学—物理

◇学生观察对四种物理事件（摆、弹弓、汽车减速和吊绳）的描述并要求解释"为什么它们以这种方式运动"。M

◇学生阅读物理教科书中牛顿三大定律的章节并对此内容进行一个测试。A

◇学生在实验室依据汽车在不同的高度和角度沿斜面向下后得到相关的数据。M

◇学生依据相关牛顿定律，设计 Rube 戈尔登伯格机来说明力学原理。T

英语/语言艺术—阅读

◇学生根据所列出的词汇表来记忆单词。A

◇学生制作一个语词关系与概念的网页。M

◇学生给词汇分组并考虑其有什么相同点。M

◇学生评判与编辑文章中被误用的新词。M

◇学生阅读包含新单词的故事并解释其在上下文中的含义。T

◇学生在各种口语和写作中运用最近所学到的单词。T

数学—线性方程组

◇学生学习不同的图表和数据图并制作相关图案。M

◇学生学习线性方程组中的公式 $y=mx+b$。A

◇学生运用公式来计算解决实际的斜坡问题。A

◇学生比较线性和非线性的关系，并解释差异。M

◇考查学生的各种真实世界的关系（例如，年龄与身高的关系，距离速度快，随着时间的推移 CD 的销售），并确定哪些是线性的。M

◇学生列出代表关系数据公式和图形显示（包括数据中的极端值与误差）。T

走向理解

那么我们是否应该考虑哪些教学能够确保理解同时对教材内容也能够尽到"义务"呢？我们不妨这样说：设计不能仅仅涉及如何习得内容，也要确保学生如何学会思考并有效地运用知识。内容是手段，不是目的。因此，我们能够把握理解的两个方面并能认识到规划与教学的目标是随着时间的推移，学生能够更好地：（1）理解意义——运用内容和相关内容得出有效的推断，并且能用自己的话来解释这些推论；（2）学会迁移——在日益复杂的真实世界环境中，日趋独立而有效地运用所学到的知识。

学习计划将以何种逻辑来增强和改善学生的这些能力？在你考虑教授那些必须要教的内容之前，思考为他们提供开发能力的表现机会——那些需要理解内容的任务。换句话说，你必须通过设计来确保其中有：

◇令人深思的问题和那些需要学生将知识碎片聚集在一起的挑战。

◇学生在新环境中运用这些概括（学会迁移）以及思考从中得到的反馈（这或许导致调整最初的概括）的机会。

◇显示通过不局限于知识与技能积累来帮助理解意义和学会迁移的经验。

当为理解而教时，要认识到一个观点（idea）是难以教授或守住的。观点是当学生理解内容时得出的结论，而不仅仅是由教师所提出来的另一个事实。这是一个经验诱导理论，而不仅是一个单纯的抽象概念。这是一个结论性概括，而不是明显的察觉。想一下神秘的电影或书籍：读者积极地构建一种观点，诸如"谁是谁？""他们的行为意味着什么？"，而侦探小说中更是如此。所以，如果我们不能将观点运用到明确事物的意义上去，就没有真正地理解这种观点。如果学生不能主动理解意义，那么，剩下的只是抽象的东西和无用的信息片断。这也是导致学生误解概念和迁移受阻的原因。

更糟糕的是，很多学生开始期待学校的学习仅关乎习得与回忆。"告诉我们，我们需要知道什么？""这会考吗？"诸如此类来自老生的言论屡见不鲜。学生开始习惯地认为学习就是重复和反刍。（不幸的是，他们也总是体验到了这样的说法是八九不离十。）

那么接下来，对于一般的教学而言，理解是目标，但学生或许期望所有的学习仅涉及掌握知能。显然，必须大胆地指出，除了掌握知能，教学还有其他追求。

理解教学在开始的时候最好是不断地给学生提供现有理解性内容的挑战，而不是注重教更多的内容。从一开始，学生必须意识到，理解需要积极思考他们知道什么以及能做什么，而不是简单地不加批判地接受新知识。对学习者来说必须很清楚的是，理解并不是简单地习得，而是通过积极的智力劳动而获得的： 我如何看待这些数据/文本/言论/一系列事实/理论/艺术手法？ 我怎样判断自己是否正确？ 其他人如何认为？ 为什么他们这样认为？ 然后又怎样呢？ 关键的推论不可能在文本中找到， 而是存在于学习者善于思考的头脑中。

那么， 理解意义的活动有哪些呢？ 接下来的章节将给出指导与案例。

通过挑战性质疑来促成理解

你或许了解很多日本中学总以挑战性问题而不是教授新内容来开展新课。 这样做的目的是让所需的新内容在学习者面对挑战之后出现。 在科学领域、 医学院和工程设计中， 基于问题的学习要达到同样的目的： 帮助学生理解新知识的价值， 同时也为他们建构意义以及将所学知识运用到具体环境中提供练习机会。

围绕着质疑和挑战来构建单元， 请参考下述例子：

◇ "这本书的题目是《青蛙和蟾蜍是好朋友》，但是青蛙却在4月份欺骗蟾蜍说是5月份！我很疑惑，那就是所谓的朋友之间的真诚对待吗？到底什么才是真正的朋友？"

◇ "有些人认为，我们应该扔下原子弹；有的人认为我们应努力争取和平，警告日本或许不用使用原子弹。你持什么观点？根据当时的情况，你会给杜鲁门总统什么建议呢？"

◇ "这里有一些关于女子马拉松所用时间的数据。成绩趋势如何？女子马拉松成绩是否有可能在未来赶超男子？"

◇ "正如你知道的那样，我被难倒了。我在家附近发现这个东西（猫头鹰的粪便），我不确定它到底是什么。你认为它可能是什么呢？"（后续：我们把它拿来之后，需要作什么样的询问与调查？）

◇ "这是一个马德里场景的西班牙语视频。这里发生了什么？鉴于你有限的词汇，你将说些什么来帮助这些人呢？"

通过定期地面对这样的挑战与问题， 学习者变得适应于挖掘先前的学习： 这使我想起了什么？ 关于处理此类挑战我学到了什么？ 这和什么相关联？ 我将如何将这些同上周所学的进行比较与对比？ （核心观点将这些零碎的片断联系起来了。）

这里有一个更长的实例——罗密欧与朱丽叶单元开始时的问题：

不是简单地浏览剧本，指出关键的场景和问题或者在一些细节方面做一些测试，我们以一系列重要和有效的问题来引导阅读，这些问题能使我们保持专注并使学生在阅读时尽可能地予以理解。问题如下：谁"杀死"了罗密欧与朱丽叶？什么是真正的爱情？成年人应该在他们孩子的生活（和爱情）中扮演什么样的角色？

在阅读《罗密欧与朱丽叶》之前，学生先回应并讨论对这些事件进行"预先指导"的调查问题。运用里克特量表为答案划分连续的等级，学生回应的问题诸如：父母在多大程度上影响了你外出同行的伙伴？年轻人能够找到真爱吗？一见钟情是真的吗？或者是因为身体吸引所蒙上的错觉？通过这些初步的质疑与讨论（所有的理解意义的活动），伴随着脑海中具体的辅助性问题，学生会迫不及待地主动阅读剧本，并且更有可能愿意获得与之相关的知识与技能。

随着阅读剧本的进展，要求学生重新考虑他们先前关于爱情、婚姻以及家庭的理论："你改变了想法吗？变得更加清楚与自信？或者有些疑惑？为什么呢？"这是促进理解意义的本质。学生产生自己的理论，并对其进行检验——对其他人的理论，以及他们自己的经验和事实（在这种情况下指的是文字）——从而在阅读剧本的同时获取知识和技能。

最终的任务不仅需要理解意义，也需要学会迁移，并且应该事先通知学生以便集中学生的思维并能促进积极的理解意义与学会迁移。

◇在模拟审讯中，谁应该对这对恋人的死亡负有责任？

◇不仅基于我们个人的经验，还要参考话剧中的智慧，青少年的爱情准则是什么？

◇为了使罗密欧与朱丽叶的核心观念适应现代审美，该如何改写这部歌剧？如何将其再次搬上舞台？

请注意内容问题。学生必须要阅读剧本，同时也要思考问题，剧本仅仅是扩大永恒理解和有意义质疑的手段。我们阅读剧本以更好地了解人类经验，并且用以检验剧本的观点以及我们自己和别人的看法。在此期间，我们也教给学生如何在欣赏作者的语言技能的同时，更加灵活自信地阅读。

技能教学和为理解而教

一些数学（以及其他聚焦技术的领域，比如基本阅读和外语启蒙）老师或许认为所提出的此类观点到目前为止并不适用于他们："我们的工作是教授技能并确保他们学会。我们简单地示范技能，接下来就让学生不断练习。"但是，灵活运用技能取决于核心观点——基本原理和应用策略。例如，掌握篮球运球技能是一回事，而理解创造进攻空间的原则是另一回事，因此我们可以在快攻运球时覆盖整个场地。

表 8.4 的统计单元说明了这一点。该单元为初中或高中的数据统计而设计，重点是集中趋势——平均数、中位数和众数。尽管学习基本概念和技能是一个明确的目标，但是要注意到这种学习是如何围绕基本问题"什么是公平？在何种程度上数据统计能帮助我们区分公平？"通过更广阔的质疑来塑造的。掌握知能（A）产生于理解意义（M）与学会迁移（T）的关系中。数学教科书帮助我们达到掌握知能这一目标，但是书本不能够达成理解意义与学会迁移的目标——这就是教学设计所发挥作用的地方。

请重新审阅该单元计划（表 8.4）中的核心学习活动，运用 A-M-T 来编码。当你这样做时，会发现单元安排的序列，例如运用教科书来打基础是发生在挑战性问题和相关活动之后的。也应注意到，单元设计在学会迁移任务中达到高潮。

我们可以从这儿以及包括前面的例子中作出概括。在一个非常真实的场景下，聚焦理解的单元比聚焦具体内容的单元涉及了更多基本问题与影响。为了给学生体现理解意义与学会迁移的优先权，单元一开始就要强调质疑并兼顾掌握知能。总之，任何单元都可以按照如下的方式大致操作：

◇引入一个问题、难题或者是其他挑战当前理解而又令人深思的经历。

◇在学习者中产生似是而非的不同答案与分歧，所以需要一个更令人满意的"理论"，做一个 K-W-L 的系列测试来总结我们知道了什么，我们想得到什么等等。

◇学生或者提出自己的理论，或者运用由自己、文章或其他同学提供的结论。

◇学生尝试他们的理论，需要时精炼观点并讨论不同意义的各自价值优势。

◇教师、文本、不同的经历或其他新的观点将使学生或小组的理论受到挑战。

◇根据需要，学生使自己的观点精炼。

◇根据需要，学生将他们所学的理论运用到一个或更多的实际情境中。

◇学生从质疑中加以概括，尤其要注意到从尝试迁移以及对理论优劣势及局限性的讨论中所获得的合理答案和细微差别。

表 8.4　集中趋势测量单元的 A-M-T

基本问题：公平是什么？——数学是如何帮助我们回答这个问题的？
A＝掌握知能，M＝理解意义，T＝学会迁移
1. 引入和讨论这个基本问题的前半部分：什么是公平？什么是不公平？M
2. 介绍一个赛跑问题：将高中所有赛跑者按照完成的路线分为四个不同的班级，哪一个班级是全校赛跑比赛中最公平的获胜者？呈现每个赛跑者的等级及其所取名次的清单。完成者的整体名单专门设计用来区别并宣布胜利者：平均值似乎是不公平的，例如，年龄与性别也在发挥着作用。学生在四个小组中工作，提出"公平"的解决方案并给出了这种方法的原因。伴随着小组活动与介绍，教师引导班级讨论汇总的问题。M T
3. 教师提醒学生在前两个疑问中同事件更加宽泛的数学统计联系起来，以及这些问题是如何通过考虑测量集中趋势来解决的。教师按序列罗列出单元活动以及重要的理解意义和学会迁移任务：我们给出的级别应该用哪种分级方法？关于公平与数学的基本问题，学生的最终答案是什么？A
4. 在小组讨论中，学生分享彼此的答案，然后回到自己的团队里总结概括所有小组的成果。讨论其他同"公平"这一概念相关的例子，比如：M ◇当所有的队没有依次交手时，怎样给所有的队伍排名次才是一种公平的方式？ ◇怎样将有限的分量不同的食物发放给饥饿的难民才是一种公平的方式？ ◇什么时候运用多数表决是公平的？什么时候又是不公平的？什么方式会更为公平呢？ ◇当今不管州的大小，每个州都有两名众议院议员，那么基于一个州的人口数量来分配众议院议员的数目是否公平呢？有什么更公平的方式吗？ ◇为了体现政府政策，哪种反映工人平均收入的方式是公平或不公平的？
5. 教师将讨论同教材的下一章联系起来——测量集中趋势的测量（平均数、中位数、众数、等级和标准差）。A
6. 学生练习计算各种测量。A

续表

> 7. 教师组织教材上平均数、中位数和众数的测试。A
> 8. 教师引导测试结果的分析与讨论。A M
> 9. 课堂上的小组任务：对学校来说，最公平的分级系统是什么？M T
> 10. 个人和小组展示他们分级政策的建议和理由。M T
> 11. 核心迁移任务：每个学生都要决定应该用何种测量（平均数、中位数和众数）来计算级别，并且给教师写一张纸条来说明所选择的计算方法并解释选择该种计算方法的原因。T
> 12. 学生写一个关于该基本问题的反思。M T

学会迁移

正如例子所表明的那样，聚焦质疑有助于实现学会迁移的目标。研究已经表明：那些真正产生自己观点的学生比那些仅仅钻研知识与技能的学生更有可能成功地解释新的环境并抓住新的问题。

任何学习行为的第一要义……是它应该在未来服务于我们……本质上讲，它包括学习最初并不是一种技能，而是能够被用来作为识别后续问题基础的一般观点。这种类型的迁移在教育过程中处于核心地位——不断拓宽与加深的知识将以一种观点来体现。（Bruner，1960，第17页）

一个关键的发现是信息组织到概念性框架允许更大程度上的迁移……研究清楚地表明可使用的知识同分散的事实列表是不同的。专业知识是围绕重要概念组织与联系的，它视具体情境而定并支撑其他情境中的理解与迁移。（Bransford Brown，& Cocking，2000，第9页）

如果学生学会了如何从他们的学习练习中摘录出基本准则与主题，那他们就对何时何地、为什么以及如何运用他们的知识来解决新问题有了灵活的理解。（Bransford et al.，2000，第224页）

"数理统计"和"罗密欧与朱丽叶"单元说明了核心观点和学会迁移环境考虑的重要性。只有仔细思考公平与爱情并将个人经历与先前知识加入到手头任务的情境中去，我们才能把最终的任务完成得很好。正如数理统计案例也表明的那样，学会迁移的一个关键因素是学生在将所学运用到新的具体的情境中时面临挑战，在这种情境中既敏感而又不失原有的知识。死记硬背的学习或者是单一的操练永远无法使学生具备迁移的能力。这一点直接关系到高风险问责测验。从公布的测验和结果的标准化测验分析表明，在标准化测验中，最具挑战的并不是需要回忆的问题或基本技能（Wiggins，2010）。他们总是涉及学会迁移，因为阅读、写作提示和遇到的字词问题对我们来说都是新的或并不熟悉的。因此，从长远来看，准备测验的最好办法是理解意义和学会迁移，零散的知识与技能将在有意义的询问和应用的情境中习得。现在我们总结一下有关学会迁移的研究以使设计者能够考虑如何最好地培养学习者在复杂多变的情境中灵活运用自己所学的能力。

◇建立和保持高度清晰的迁移目标。明确并定期提示学习者的迁移目标。为什么？因为大多数学生并没有意识到这是一个学习目标。他们非常确信——从以往的经验，特别是典型的测验中——目标是回忆他们先前之所学并将其对号入座。需要澄清的是"学会迁移"的游戏与"回忆并对号入座"的游戏是截然不同的。

最开始时，通过"出声思考"和直接提醒可以让学生了解正在做什么，这样做的目的是什么。要花费时间处理各种各样的迁移任务，以便能够在单元或课程的最后出色地完成学习任务。例如，教师不妨说："在单元结束后，你将不用我的提示与线索，独自开发完成一个产品。以下是过去几年一些论文和描述最终目标的量规，或者起初你只是模仿一些我教给你的方法，但到后面你必须能够形成自己的方法或改造已经学到的方法来适用于新任务。"

◇让学生运用不同的技能练习判断能力，并不仅仅是将某些技能拿来生搬硬套。学会迁移涉及判断何时运用何种知识与技能，因此，迁移就是这种运用全部技能的明智策略（不同于陈述性知识和程序性知识，心理学家把这称为条件性知识）。确保学生能够倾听自己问题解决和文本解释的出声思考，让学生练习尝试判断对一个具体的情境而言，何种知识和技能是最适合的并给出反馈。让学生思考汇报为什么要做这个事情以及什么时候能够完成。学习自我监控并以此来提高自我评估与自我调整的能力。

◇给学生的自我暗示、知识提取、自我评估与自我调整提供反馈（不需要采用评分的办法）。正如在运动和独立阅读中那样，在教师的反馈下，学生需要大量的机会来自我提示、自我评估和自我调整。当你没有为学生提供图形组织者或他们应该运用昨天所学的写作技能这一重要提示时，学生应该如何去做？研究结果是很明确的：假如没有直接指导，很多学生也不会自我提示。"你没有说要用呢！"是一种常见而又不幸的说辞。所以，持续地检验（不一定要打分或者在成绩单中记录）学生能力并帮助他们做到自我提示，这是非常重要的。例如，提供一个不太熟悉的题目，写上提示语，或者给出一个要解决的问题，但是不说明要采用什么样的知识或者什么样的策略来解题，看看学生会怎么做。看一看他们自己都做了些什么，并能够在课后及时提供细致的评估。像教练那样汇报：他们认为这是一种什么类型的任务呢？为什么他们不考虑使用 X 图形组织者或 Y 策略呢？是因为与任务十分相关吗？

◇改变定势，使学生意识到使用先前的学习有着不同的形式。对迁移的研究强调，需要向学生布置一些任务，在这些任务里，随着时间的推移，其定势/格式/背景/模式/语言等会发生一定变化，学生要学会思考如何更加灵活地运用所学知识。学生往往认为（和希望）一种即学即用的知识能够解决未来的所有需求。需要清楚的一点是，不管是最初的方法也好，还是结构与支架也好，它们仅仅是一个脚手架或拐杖，终将会被灵活决策所取代。学生往往机械而又呆板地运用其所学，而不是将应用看作是灵活运用观点。例如：教授一篇五段论的文章、三段论的文章以及一篇不分自然段的文章（例如：一个富有感染力的广告）。我们需要明确的是，学会迁移的目标是"理性说服"而不是简单地运用一种诸如"五段论"的"通用"策略。要给学生那些需要相同知识的任务或问题越来越多的奇异"模样"（例如：提供越来越多地涉及应用勾股定理的非典型且不明显的问题）。

◇让学生定期从具体的（同时也是挑战性日益增强的）实例和案例中总结与归纳。学会迁移是关乎应用核心观点来发现那些在别人看来只有新奇与差异中的相似与联系。要求学生从他们的经历和过去直接的教训中来总结归纳适用性更广的原理、准则和观点。例如，在学习了西部扩张之后，询问学生"西部先锋运动揭示了有关人类迁徙的什么观点？你能用其他的证据来支持概括吗？"然后在学习了20世纪初期的大移民运动后再次询问相同的问题并帮助学生理解这种类型的迁移将越来越需要自己依靠观点来理解联系和迁移。

◇要求学生不断地改写/修改/重现他们所学到的内容。根据学习和迁移的研究我们发现，不论是简单地做笔记还是创造性地呈现整篇文档，让学生用自己的术语来重构所学是解决知识的长期记忆与灵活运用的当务之急。

为意义和迁移而教的讨论自然也会对教学与规划中常见的两种误区变得敏感：要么教太多，要么教太少了。当认为所有的目标都仅仅是知识与技能而且能够通过一次性覆盖全部掌握时，我们往往会教得太多。全面覆盖不好的一点是造成"点到为止"的错觉——似乎听到了各种有价值的信息并且将零散的技能练习了几次，就能永远都忘不了所学的东西，就能理解并明智地应用所学的全部。

另一个极端——教授太少——认为所有的学习均源于发现，犯了相反方向的错误。这种做法有三方面缺陷：首先，它忽视了一种知识、技能或策略的重要结构是需要准确的示范、教授与学习的，并且有关学习的研究明确指出了直导教学与指导教学的必要性。其次，它忽视了一个事实，那就是大多数核心观点并不明显并且总是较之于常识更加标新立异。最后，它错误地假设理解总是或多或少地发生（以此更广泛地认为任何理解意义和激发学生想象力的任务都是好的）。换句话说，如果学生真正的理解是通过"设计"而不是"靠运气"而实现的话，那么教师就已然成为理解意义和学会迁移的教练与服务者。

教科书的角色

正如我们先前模块中所建议的那样，教科书或许是必备的但并不总能满足于所有学习。它最好是被视为通过主题组织与编排适用于全国普遍受众的知识与技能开发的资源。评估很少涉及理解意义与迁移应用。因此当务之急是教师设计一门合适的单元学习课程，并以此围绕着长期的理解性目标来勾勒（frame）教科书的应用。依据理解性目标，教科书应该包括什么，又应该忽略什么呢？

提示学生运用 A-M-T 的必要性

学生在学习生涯的末期才知道教育的主要目标是理解意义与学会迁移，但为时已晚。他们总是不断地放大这种思维——他们唯一的任务就是掌握知能。受太多内容覆盖和模拟考试的"帮助"与"挑唆"，学生已经将学习认为是简单地知道答案并能够准备好在测验中给出答案。正如我的一名学生曾经说的那样："只有充分讨论，才能告诉我们故事的意思！"一些数学老师曾经告诉我们，学生和家长在考试中遇到新的要解决的问题时总会不时地抱怨（例如："我们没有学过那种形式的题目——这不公平！"）。这些说法表明，至少有一些学生（包括家长）或许还没理解教育的重要目标是理解意义与学会迁移，并不是所有的学习都是掌握知能。

因此当务之急是，教师要仔细而明确地帮助学生理解学习的三种不同的目标（A-M-T），这三种目标需要不同的教学策略，随之而来的就是不同种类的评估方式。这可以通过编写教学大纲、给家长的一封信或者将往年的测试评语放上网络等方式。

总之，我们邀请你依据三种目标——掌握知能、理解意义和学会迁移——以及本模块中所给出的教学设计方法来重新设计自己的教学计划。

自我评估——回顾模块 8 的标准

依据以下标准，重新思考你近期的单元框架：

◇是否所有种类的学习目标（掌握知能、理解意义与学会迁移）都在我的学习计划草稿中呈现了？

◇我所勾勒的学习活动是否对每种类型的目标都适用，而不再仅仅是我们所熟悉以及令我们感到舒服的内容？

◇对学生来讲是否有足够的机会来举一反三并围绕单元核心观点建构自己的意义？

◇我是否勾勒出了一个逐渐从扶到放，使学生对区分该做什么和何时去做愈加负责的单元流程？

营养单元的回顾

表 8.5 步骤三中用 A/M/T 来编码学习活动。这种编码可以使设计者审查这三种目标（掌握知能、理解意义和学会迁移）是否全部而又准确地呈现在学习计划中。

表 8.5　营养单元，阶段三：运用 A-M-T 编码学习活动

A＝掌握知能　　M＝理解意义　　T＝学会迁移
1. 开始时用一个导入性问题（你吃的食物能引起青春痘吗?）来引发学生思考营养对生活的影响。M
2. 介绍基本问题并讨论单元的最终表现型任务（Chow Down 和饮食行动计划）。M
3. 请注意：根据需要通过不同的学习活动和表现型任务介绍了重要的专业词汇。学生阅读和讨论健康教材的节选来支持学习活动与任务。作为一项持续性活动，学生记录并保留每天的饮食情况以供后续审阅和评估。A
4. 教授与食物相关的实际概念，然后让学生对相应的食物照片进行分类。M
5. 介绍食物金字塔并确定各组的食物。学生分小组活动，并且每一组都要制作一张包括食物图片剪辑的海报，在班级或走廊里展示。A
6. 进行一次关于食物分组与食物金字塔的小测验。A
7. 检查并讨论美国农业部出版的营养手册。讨论问题：是否每个人都要遵循相同的饮食习惯来保持健康。A M
8. 学生在小组里相互协作，分析一个假想的家庭（专门设想成不平衡）的饮食习惯并且为增强营养提出自己的建议。与此同时教师主要观察学生表现并适时给学生以辅导。M T
9. 让每个小组都分享他们的饮食分析并开设一节讨论课（注意：教师收集和审查这些饮食分析，以寻找教学设计需要注意的误解）。M
10. 每个学生都设计一本图文并茂的小册子，来教授小孩子良好的营养对健康生活的重要性和与不良饮食相关的问题。当然，这项活动是在课外完成的。M T
11. 观看并讨论《营养和你》的视频。讨论与不良饮食相关的健康问题。A
12. 学生倾听并积极提问演讲嘉宾（当地医院的营养师）做的"营养不良导致的健康问题"讲座。A
13. 学生对书面提示做出回应：描述两种由营养不良所导致的问题，并且解释饮食作何改变可以避免这些问题（由教师收集并分级）。A
14. 教师示范如何阅读并分析食品标签上的营养价值信息。然后，学生练习阅读所提供的（空的）盒子、罐子和瓶子上标签的营养信息。A
15. 学生独自制作一份为期三天的野营菜单。T
16. 在单元结束时，学生重新审视一下自己日常生活的全部饮食表格并自我评估饮食是否健康。他们有没有注意到变化？有何提高？他们有没有注意到他们外表和身体感

续表

> 觉上的变化？M T
> 17. 学会制订个人的"健康饮食行动计划"。这些计划将被保存起来并在最近一期家长会上提出。T
> 18. 用学生的自我评估（不去管他们的私人饮食习惯如何）来结束本单元。每个学生都为自己的健康饮食目标设计一个行动计划。M T

你可以在网上找到两个有用的作业单：表 8.6 为理解而学（A-M-T），表 8.7 聪明地运用教材。两个表格为规划学习活动提供了模板与提示。

有关本模块观点的更多信息，请参见：

《人如何学习》（*How People Learn：Brain，Mind，Experience，and School Expanded ed.*，Bransford，J.，Brown，A.，& Cocking，R.，2000）。

《派蒂亚建议》（*The Paideia Proposal：An Educational Manifesto*，Adler，M.，1982）。

《通过设计改革学校教育：使命、行动和成就》（*Schooling by Design：Mission，Action，and Achievement*，Wiggins & McTighe，2007）第 4 章。

《通过设计促进理解：专业发展实例》（*Understanding by Design：Professional Development Workbook*，McTighe & Wiggins，2004）第 118 页。

参考文献

Adler，M.（1982）. *The Paideia Proposal：An Educational Manifesto*. New York：Macmillan.

Bloom，B.（Ed.）.（1956）. *Taxonomy of Educational Objectives，Handbook 1：Cognitive Domain*. Chicago：University of Chicago Press.

Bransford，J.，Brown，A.，& Cocking，R.（Eds.）.（2000）. *How People Learn：Brain，Mind，Experience，and School（Expanded ed.）*. Washington，DC：National Academy Press.

Bruner，J.（1960）. *The Process of Education*. Cambridge，MA：Harvard University Press.

McTighe, J. , & Wiggins, G. (2004). *Understanding by Design: Professional Development Workbook*. Alexandria, VA: ASCD.

Wiggins, G. (2010, March). Why We Should Stop Bashing State Tests. *Educational Leadership*, 67 (6), 48—52.

Wiggins, G. , & McTighe, J. (2005). *Understanding by Design (2nd ed.)*. Alexandria, VA: ASCD.

Wiggins, G. , & McTighe, J. (2007). *Schooling by Design: Mission, Action, and Achievement*. Alexandria, VA: ASCD.

结束语

依据本设计指南，你已经学会了如何运用更新后的 UbD 模板从理解性目标来逆向设计课程单元。

你已经通过三个阶段创建了一个包含下列要素的单元草案：

阶段一
◇迁移目标
◇基本问题和理解
◇知识和技能目标
◇相关标准和其他建立的目标

阶段二
◇表现性任务和其他证据
◇评估标准

阶段三
◇强调理解意义与迁移的学习计划大纲

如果这是你第一次运用 UbD 理论设计的话，你已经发现其提供的步骤或许会让你有些不适应。许多初学者意识到，尽管逆向设计的逻辑很重要也很有用，但实际设计的步骤要远远比想象中困难。好消息是，经过训练之后，逆向设计将变得更加自然，确切地说，它变成了一种思维模式。如果你在 UbD 指导下有了很多经验，我们相信你对它的理解已经加深并且在进行单元设计时能够更从容自如地迁移运用这种方法。最后，我们相信你已经看到新模板的功效了——即使它意味着一种颠覆式改变。

我们期望你能运用其他可获得的资源来继续 UbD 理论的学习，我们也将继续探索和扩展基于对全球数以千计的教育工作者的经验资源。我们会继续上传 UbD 的相关资源至 ASCD EDge 中 UbD 栏目的专页。

参考网址： http://groups.ascd.org/groups/detail/110884/unde

走出单元设计的 25 个误区
——精炼单元设计　改善学习效果

引 言

我们两人加起来，有作为专业教育人士将近 85 年的经验。这些经验大多数是与课程设计有关的，我们主张"逆向设计"，这一点在很多著作中提到过。我们提出了《通过设计促进理解》的课程设计框架，因为我们发现，传统课程和单元计划往往不能专注于掌握需要深入持久理解的观点和过程，不能促进深度学习，不能让学生忘我地投入到真实的学业表现中，也难以使其达到学习迁移的程度。我们的设计思想认为，高效的课程是立足于一个长期目标，经过三个阶段设计流程而逆向开展和完成的：（1）明确预期学习结果；（2）确定恰当评估办法；（3）规划相关学习（教学）过程。这种逆向设计流程，有助于克服覆盖教材和活动导向型教学这一对司空见惯（二者并无孰先孰后之分）的问题。这个设计流程能帮助教师引领学生确定课程内容的重要观点，同时让学生围绕那些具有重要意义的学习目的，加深参与度。多年以来，我们先后与数千名教师和设计团队共事过，阅览过无数课程文件和单元计划。在这些工作中，我们逐渐意识到了单元设计中的一些常见问题。本书中，我们指出了 25 个误区，描述了每种误区出现的迹象，提出了改正建议，提供了未来如何加以避免的意见。

本书是以逆向设计的次序编排的：所有的问题，按照三个阶段依次排列。由于我们发现在单元设计中的许多问题具有广泛关联性，所以本书中我们还给出了关联问题及其解决方法。我们还引用了两本 ASCD 出版物，分别是《理解为先模式——单元教学设计指南（一）》（*Understanding by Design Guide to Creating High Quality Units*）和《理解为先模式——单元教学设计指南（二）》（*Understanding by Design Guide to Advanced Concepts in Creating and Reviewing Units*），在这两本书中可以找到更多有关单元设计的内容。读者若有兴趣进一步改善单元设计，我们鼓励参考这些书籍和其他相关资源。

阶段一　设计单元目标的误区

误区1　课堂活动目标不明确

在审阅单元计划，或者与教师讨论单元计划的过程中，我们时常看到（或听到）一些需要学生参与到课堂互动活动中的设计。以课堂互动活动设计为导向的课程单元，在视觉或表演艺术、体育、职业规划/技术计划中十分常见，在广大中小学的大部分课堂中也经常进行。

这种单元中列出的各类课堂活动，往往广受欢迎——只要这些活动被精心地引导到清晰且重要的目标上，只要能够获得合理的、能够说明学生掌握重要知识点的证据，便可以说这些课堂活动取得了良好的效果。但是，我们也发现，许多这样的课堂活动并没有产生明确的结果。换句话说，课堂活动有时表面上有积极热烈的参与，实际却是漫无目的、心不在焉地在进行。

下列方法可以用于确定课堂活动是否目标明确、高效：

◇向一位或多位同事展示你的课堂活动，让他们判定你的活动目标。他们能否准确判定？

◇仔细审视课堂活动中学生的成果。这些成果能否表明他们已经建立并且加深对重要观点的理解，并将学习应用到更有意义的地方去？

◇问问你自己，学生花在课堂活动中的时间是否取得了显著的学习效果。换句话说，这杯果汁值不值得耗费九牛二虎之力榨出来？

◇让学生告诉你这些课堂活动背后的目的。他们是否能够说出关键的知识点，抑或，他们只是按照要求完成课堂活动？

如果以上任何一题你的回答是"否"，那么修订或放弃这项课堂活动。

进行单元计划前，试试用下列观点来帮助你将学习活动专注于有价值的结果：

◇想一想学生会以什么样的流程完成课堂活动。为什么？

因为真正产生深度学习的并非课堂活动本身，而是课堂活动的流程。给予学生足够的时间思考活动的意义，让学生深入探求一些能够促使他们广泛联想和归纳其他知识点的方法。

◇解释活动的目的。

如果你问学生为什么要做这样一个课堂活动，他们知道吗？这个问题，要在学生进行课堂活动时询问。或者，可以在下课前测试了解学生是否习得更深层次的知识点。

◇问你自己："这个单元核心观点是什么？""我想要学生真正理解什么内容？""我怎样才能更好地编排本单元，帮助学生理解？"

◇把这个单元当作一个故事，想一想它的寓意是什么。

◇将这个单元的内容围绕一个或多个中心问题构建。

◇填空：如果学生真正理解了这个内容，并且学会了目标技能，他们将能够：_____。

你的回答将帮助你进行成绩评估，并为评估学生应用所学知识的能力提供证据。

（参见 Wiggins & McTighe, 2011, 模块1）

误区2 片面强调知识覆盖面

全面覆盖教学内容是设计、教学和评估中的一个长期存在的误区。电影《翘课天才》（*Ferris Bueller's Day Off*）对此进行了嘲讽，电影中的经济学老师絮絮叨叨、自问自答，学生则百无聊赖。我们在这里使用的"覆盖面"一词是贬义的。

强调覆盖面，意味着事无巨细、一章一节地按部就班地讲，却没有给学生与教材深度互动的机会。应该认识到，严格来说，强调覆盖面并非真正意义上的教学计划，甚至完全不能促成主动学习。它只是教师将所讲的内容报一个流水账而已。"覆盖者"（指那些追求完全覆盖教材知识点的人）天真地以为，教学就是讲课，只要认真讲课，学生认真听讲，就能够自发地完成学习过程。

但是，考虑到学习者学习（处理他们在学习过程中所听、所读的内容）

的方式，在单元计划和教学中真正能促进理解的方式，是充分"挖掘"教学材料。理解，就是指明白"为什么"的问题、"会怎么样"的问题，以及"为什么会这样"的问题。也就是说，教师必须时不时地停下来，了解学生真正听到的内容是什么，给他们机会和时间进一步认识到教师正在讲述内容的用意所在。任何有效的计划——即便是在课程内容很多的情况下——也要留出时间让学生积极地"理解意义"，让教师梳理出学生难以避免的混淆、疑问和误解，后者正是课堂讲解中往往忽略的东西。

如果单元计划未能实现下列内容，即表现出过于强调覆盖面——
◇留出时间答疑、调查、讨论或应用所学内容。

换句话说，单元计划只是专注于灌输，而非学生如何实现对所学内容的理解。
◇主题有所侧重（对各个主题的关注是等量的）。
◇留机会给学生提出和探究深入的问题。事实上，当学生提出的问题打断正常的教学覆盖流程时，会出现一些不同寻常的变化。
◇留出等待时间，恰到好处地提供给学生提问题的时机。
◇在教科书基础上有所拓展。
◇寻求学生已经理解了的证据；不包括教学评测在内。

以下是**避免仅关注覆盖面、提高"挖掘面"**的一些方法：
◇每10～15分钟左右暂停一下，让学生主动处理信息。
◇包含提示、提问、活动以及课堂小测，用以确定学生是否"掌握"了所教内容。
◇针对重复出现的关键问题和重点教学内容的关键点设计单元，并专注于学习过程。
◇用字母T（实现迁移）、M（理解意义）和A（掌握知能）来对教学与学习事件进行编码，确保对M和T的侧重，不要偏重于A，这样就会引向过程。

（参见Wiggins & McTighe，2011，模块1）

误区3　单元设计应试化倾向

高风险的测试所带来的教学压力，已经导致许多"好心"的学校管理人员鼓励教师将教学和评估偏重于那些可能在标准化测试中出现的专题和技能。更有甚者，由于标准化测试主要依赖于选择题（包括多选题），使得选择题这种测评形式广泛用于单元测试中。其中的逻辑不难理解：想让学生得高分，就得多操练。

但是，我们需要警惕的正是这一点：将单元目标限制在教学大纲里那些可能在考试中出现的专题和技能上的话，将破坏课程与教学标准的本意，与更为重要的东西失之交臂。举个例子，听说能力在所有英语/语言艺术（E/LA）学科教学标准中均有囊括，但在州级/省级测试中却不予考评。问题是，听说是读写的基石，应该需要加以教导、练习、评估。比如说：在学生主导的讨论中展开辩论，可以促进学生达到 E/LA 教学和数学论证的关键标准的能力。还有很多别的价值深远的成果，比如写作拓展、多媒体演说、技术的应用、创造性思维、团队协作能力，这些都应该是教学大纲和单元计划测评标准中的明确组成部分。

讽刺的是，那些狭隘、毫无根据的评测和应试教学却在无情地毁灭共同核心州立标准（common core state standards）和 21 世纪技能（21st century skills）标准所呼唤的核心能力。如果教师仍旧简单粗暴地将每个年级的标准内容"过一遍"，并且主要通过毫无语境的多选题来进行评测，那么学生不大可能"为大学和就业做好准备"，或者说不足以应付高等教育和未来大多数工作场所中将出现的适应性工作。

下列迹象表明单元计划过度偏重于考试内容，且测评形式狭隘：

◇标准考试中没有重点考查的学习成果。
◇单元目标局限于零散孤立的知识和技能。
◇单元测评模仿标准考试的形式，主要使用选择题（例如：多选题、判断题、连线搭配题），不够严密。
◇学习活动中出现大量的无语境学习（例如：技能操练单），以及使用应试材料。
◇教授重点教学内容的依据是因为学生"需要用来参加州级/省级考试"。
◇学生感到十分无聊。学生可能表现出认真听讲，但对学习没有热情——对大多数学习者而言，应试原本就是无聊的。

为避免这种情况，我们的建议直截了当：

◇将单元重点围绕已确立的学习目标或所有有价值的成果展开，而不仅仅是粗放的应试内容。

◇使单元内容围绕大概念、关键进程、核心问题，致力于理解；将零散孤立的知识内容融入实现更大表现性成果的方式。

◇纳入大量的单元测评，包括表现性任务和技能鉴定，不局限于多选题相关内容，以获得有效证实学生理解和知识迁移的证据。

◇让学生参与到目的性强的学习活动中，包括辩论、基于问题的学习、批判性思维、研究性学习、开发实物产品的生产性学习和有效的表现。

◇向学生介绍标准考试的形式，但不要拘泥于此。最好的应试准备是参与和有目的地学习重要知识。

（参见 Wiggins & McTighe，2011，模块4）

误区4 单元目标不聚焦

一条标准确定一个学习目标——即希望学生了解、理解并能够操作的东西——而且标准往往在单元和课程计划中具有针对性。但是，单元设计中常见的一个问题却是：一个单元中往往制订了太多的单元标准。制订过多的单元标准这一倾向，被地区级、州级和全国标准列表的数字化单元/课程计划软件进一步恶化了。这样的软件使核对标准变得轻松简单。事实上，我们经常可以见到，一个单元计划当中含有2—4页的目标标准！当我们将过多的标准列为成果目标，单元就失去了重心和深度。为期不过2~4周的一个典型单元，不可能完全达到很多个标准。

这个问题的根源在于，此前所教的且学生将在本单元内加以应用的标准，与那些针对新的学习内容所设的标准是有区别的。我们以"分数"这一数学单元为例：本单元中，学生将学习分数的加减乘除。但是，多数学生已经学习了加减乘除的运算方法，所以这些能力不应该作为单元成果来考查。一般来说，作为前提条件的技能和知识，不应该列入单元目标；单元目标应该针对新的学习。

对于标准过多这个问题，我们的解决之道也很直接——只将那些会在本单元明确地教授并且进行评估的目标作为标准。要知道一个单元计划中是否标准过多，有一个行之有效的办法：将你计划的单元评估展示给一个或多个同事，让他们告诉你自己认为哪些标准或成果是单元目标。如果只让他们确定少数几个目标的话，那么该反馈将使你能够放弃多余的标准，或者让你了解到需要增加一个或多个标准。

另一个在选定的目标、标准和教学当中寻求一致的办法是将单元计划编码。例如，为标准（E/LA 3.4）或 S1、S2（对应于技能♯1、♯2）选取编码，然后将妥善编码的成果与单元评估标准及主要学习活动匹配起来。如果标准过多无法匹配，则有两个选择：（1）索性放弃；或者（2）加入到评估标准中并（或）修订课程计划。

相关解决方案见问题1。

（参见 Wiggins & McTighe，2011，模块3，4，9）

误区5　单元缺乏基于理解的目标

设计单元时，教师常常倾向于在学生需要掌握的特定知识和技能的基础上，加入教师希望学生去更多理解的想法。这种理解所对应的是学生应该获得的那些特定洞察、推断或结论。它们是对于以下这些问题所做出的回应：

"你所知道的这些内容虽然是事实，但它究竟是什么意思呢？"

"你已经会使用这些技能，那么如何能高效地迁移和使用呢？"

我们经常会说一句话——"学生开始懂了"，这暗示的是：理解是学习者做出的深思熟虑的推断。这种推断的结论是基于学生对事实和经验的理解而得到的——这就是一个单元的"故事寓意"，就像一则伊索寓言中的寓意一样。

然而，扫一眼林林总总的单元计划，我们却往往发现它们的目标设定仅仅限于掌握知能。如果一个单元计划有以下情况，那么这个问题非常显而易见了：

◇列出了很长的事实与技能列表，但没有针对概念、知识应用、探究设计出与理解相关的高阶目标。

◇给出了仅集中在低水平目标的低层次标准列表，而不是高层次的更为复杂的标准。

◇仅用只言片语陈述专题（比如"理解比喻这一修辞手法"或"理解内战"），而不是对该专题进行详尽理解。

◇单列出了技能或按步骤的过程，而不是对技能或过程的理解；例如：某单元没有提出"理解如何写作一篇议论文"，比如"有效的议论文会使用论据，并采用与其目标读者相对应的语言"，却提出理解什么是议论文。

要解决这个问题，我们强烈建议，使用单元模板和设计流程促进教师-课程设计师考虑知识与技能以外的东西。这正是我们在《设计单元模板加深理解》（*Understanding by Design Unit Template*）中所提供的：一个能够避免教师在单元设计过程中常常出现的坏习惯——忽视设计与理解相关的目标以及其他高水平目标的工具。

为确定更明智、稳健的单元目标，还有下面几个小贴士：

◇围绕那些你希望学生理解的、易于迁移的大概念制订目标。

◇用句式"我希望学生能够理解＿＿＿＿＿＿＿＿＿＿＿＿＿＿＿＿"作为开始，这将迫使你写出学生应该推断出什么结论并加以精炼。

◇寻求明确特性和深度。如果理解较为模糊或浅显，则问自己："它为什么那么重要？""这为什么意义重大？""能在多重设定中应用的易迁移的观点是什么？"

◇将单元内容框定在核心的、指向大概念和学习过程的问题上。

◇问这个问题：如果是专家，对它（技能或过程）会有哪些我们这些新手或生手所不具备的理解角度？

◇将单元关注点放在需要迁移的表现性评估任务上，然后藉此倒推出前提的知识、技能和理解。

（参见 Wiggins & McTighe, 2011, 模块 5, 6; Wiggins & McTighe, 2012, 模块 12）

误区 6　单元目标之间联系不明确

正如 unit（单元）一词有"独立、完整"的意味，单元设计中的关键目标能够保障学习的一致性。这种一致性必须是让学生能够看得见的，而不仅仅停留在教师的层面上，因为教师对教学内容已经十分了解了。某些单元中，我们可以看到大量毫无联系的目标混作一团，没有明显的关联或逻辑条理，致使学习变得异常困难，远达不到应有的那种融会贯通。

单元目标缺乏一致性和逻辑条理性的表现如下：

◇单元内的统一的概念或有意义的应用没有自然地构成整体。例如，某个单元中包含了一组单词，与所学习的专题、技能和文本没有关联。

◇试图涵盖太多的标准，它们可能是从各年级相应水平的标准文件中选取而来，并且未加整合地保持着原文件中的排列顺序。

◇没有以知识、技能的探究或者知识点的迁移应用为首。

帮助学习者在多个目标中发现关联，要通过使用主题、关键问题导引以及/或重复出现的迁移运用设计来实现，其中会包含着该单元的重要教学内容，并且促使它们相互交织。

帮助学生从单元目标中领悟到条理性和一致性的方法有：

◇必须考虑的是将单元设计成需要达到目标所需展开的学习表现。例如，想要学生能够通过单元学习，在哪些方面能够加以应用？然后像一个运动队教练一样倒推出哪些知识、技能和策略是运动员战胜对手所需要的。如果你用这个方法来框定这个单元，学生就能更轻松地认识到教学目标是怎么相互联系，从而转化成他们的学习目标，并最终促进单元目标达成的。

◇用体现在主题、事件、问题或真实任务上的大概念和核心问题来打造单元结构。在此基础上，看看所制订的学习目标是否能在这些重要概念下自然地结合在一起。如果不能，则需重新思考目标内容和技能。

◇将单元的所有目标组成概念网络，以确立出不同的关联点。如果有一些目标不在网络中，那么最好将它放到其他单元中去。

◇将单元的首要任务设定为：让学习者明白事实和离散的技能是如何在与其相关的、更为复杂的表现性任务中发挥作用的。换句话说，帮助学生区分目标和手段的差别。

（参见 Wiggins & McTighe，2011，模块 5）

误区 7　缺乏核心问题

我们常常鼓励教师将教学内容围绕核心问题（essential questions）展开。但是，单元设计中我们却常常看到，被划为核心问题的其实是附带正确答案的求同（相对于求异）问题。

这个问题的解决之道在于，首先要理解核心问题的特点。核心问题就是——

◇与生俱来是开放式的，没有简单而唯一的正确答案。
◇是启智的，能够激起兴趣和探索的欲望，能够引发探讨、辩论和高阶思考。
◇指向学科内与学科间重要的、可迁移的观点与过程。
◇引出新的问题，激发深度探索。
◇需要的是支撑与论证，而不是答案。
◇持续地并可能在多处重复出现，可以也应该引发一而再地思辨。

能达到以上全部或者大多数特点的问题，才能作为核心问题。其目的在于激起思考、引发探索，衍生出更多的问题，包括学生自己提出的各种问题。而通过这些问题的攻坚，学习者会融入到对大概念的理解和"理解意义"的过程中去。

好心肠的教师常常错误地以为，核心问题指向的是重要教学成效。在这种认识下，核心问题只不过是一种将学生带往有限或标准答案的引导性问题（guiding questions）罢了。诚然，引导性问题肯定是有助于教师实现特定教学成效的，但是它们并非真正开放性的，或者说不足以激发起学生持之以恒的探究与思考，而后者才是核心问题的真正意图。

确定一个问题是否具备"核心"的一个行之有效的方法是：你能不能将这个问题贴在教室的墙上或者白板上，并且卓有成效地贯穿于整个单元的过程加以使用（而不仅仅是提问一两次）？

更为严谨的解决方案是：将你提出的单元问题放到具有核心问题特性的列表当中去核对。你提出的这些问题能不能达到这些标准？如果不能，那可以试试拓展这个问题。

（参见 Wiggins & McTighe，2011，模块6；Wiggins & McTighe，2012，模块12）

误区 8 混淆目的和手段

单元设计的一个常见错误，是仅认识到那些零散孤立的知识和技能——低水平的、波及面极小的目标。学生虽然懂得了某个事实或学会了某个技能，但严格来说这并非目标所在。事实和技能只是落实学习目标系统（包括理解和表现在内）的手段。关注手段为主而不是目标的单元设计常常是这样的：

◇集中在离散的事实和孤立的次要技能，而不是为实现学习目标中的表现性目标所必须掌握的少数几个事实或关键技能。

◇将复杂的观点和过程拆解成简单的零碎片段，无法累积形成丰富而灵活的理解或流畅的操作表现。

◇教师的询问只是在于对信息的回忆，而不是促进理解和迁移。

要跨越复杂操作性目标和仅关注于孤立知识和技能的那些离散目标之间的鸿沟的话，运动员就是一个很好的例子。足球或篮球的目标并不在于掌握一长串离散的技能。这些技能当然是必要的，但并不是充分条件——它们只是手段，而不是目的。真正的目标是打好比赛———种更复杂的操作表现，犹如瓷器活，而不仅仅是拥有一套"金刚钻"。

同样的逻辑也适用于其他领域。所谓掌握，并不仅仅在于学会一串互相孤立的零散技能。掌握意味着将知识和技能在复杂情况中加以有效运用。坦率地讲，这意味着将单元围绕那些需要理解和迁移知识的复杂表现性目标来展开设计；也就是要知道如何、什么时候使用和运用所学知识去达到操作的要求。

确保能拿出精心设计的、注重迁移的单元目标，有如下建议：

◇以长远表现目标作为中心，比如对于稳定标准或对于数学和科学而言的实践标准；然后将单元从这些目标反推出单元目标框架。

◇鉴别单元目标时，将短期目的和长期表现目标区分开来。

◇问问自己："如果内容是手段，那么什么是最终的实际表现目的？""如果这是一个'金刚钻'，那么什么是'瓷器活'？"将你对这些问题的答案，作为这个单元主要目标设定的依据。

（参见 Wiggins & McTighe, 2011, 模块 3, 5, 9）

误区 9 混淆知识目标和技能目标

知识目标决定了我们希望学生了解的事实、关键词汇、基本概念。技能目标则具有天然的程序性，表明我们希望学生有能力做什么。技能就好比画出某个物体的 3D 视图，或者能够运球。这个关系，当某个单元的知识目标主要由动词来描述，并且列为技能项时就十分明显了。

知识成果列为技能项的实例如下：

◇学生善于解释关键历史人物的贡献。

◇学生善于区分并归类不同的石头。

◇学生善于在实验设计中发现错误。

以上三个实例，实际上鉴别的都是知识目标。教师期望学生能够了解到重要历史人物的贡献、认识不同石头的类型以及实验设计的构成要素。动词或许表明了评估这些知识的方式，但其真正成效是以知识为基础的。

为什么做这样的区分很重要？这是因为，对单元成效的明确区分影响教学与评估：知识目标和技能目标的教学和评估是有所区别的。例如，如果教师希望学生识记事实信息，可以通过讲授或演示展现这些信息，可以让学生阅读或观看材料，可以提供有用的助记指导，可以让学生复习，最终将知识化为记忆；而技能教学就不同了：教授技能的时候，教师一般会将技能加以示范，让学生练习并锤炼技能，同时给予反馈，并不断地在更加复杂/新颖的环境下持续练习，直至实现技能的自动化（"我做，你看；你做，我看"）。

对知识和技能的合理评估方法也是不同的。事实信息类知识可以轻松地通过目标问题或带有"正确"答案的测试进行评估。毕竟，知识是二元的——学生要么知道，要么不知道。相比而言，技能是需要通过实际表现才能真正评估出来的——通过观察学生操作该技能，或者评测其实际表现的成果（例如：画一幅画）。并非判断对错，技能实际表现是通过熟练程度或者从"有瑕疵/不熟练——专业"这样一个连续的区间来评估的。

从逆向设计的逻辑角度而言，对学习目标性质的甄别对于单元设计的所有方面均有带动作用，并最终促成更成效卓然的学习。

（参见 Wiggins & McTighe，2011，模块 5）

阶段二 确定评估办法的误区

误区 10 评估缺乏效度

目标和依据的逻辑一致才能体现有效性：确定的目标、预期的评估是否真能彼此衡量？评估真的能测出意想不到的东西？当一个评估既能在具体评估过程中提供正确的推论，又能提供教师有效改进措施的依据，进而帮助教师实现预期的目标，那么这个评估就是非常有效的。

当评估无法为逆向设计中阶段一确定的预期目标提供合理的依据时，单元设计中常见的问题就显而易见了。合理的评估办法，是对学生实现有针对性的预期目标进行有效的推论。例如，仅有书面的驾驶能力测试就是一种不恰当的评估，因为有人可以根据道路规则知识"通过"纸笔测试，但这并不意味着他能够熟练地在高速公路上行驶。

以下是低效度单元评估的常见问题：

◇偏离了既定目标的学习，获得学习活动或任务的成功的结果掩盖了真实的理解水平。例如，一名学生在口头表达上获得了高分，是因为天赋聪慧和表达流畅多过于对文本主题的深刻理解。

◇设计的任务让学生失败或表现不佳，其原因是任务本身偏离了既定目标，而与其他技能和知识密切相关。例如，一名内向的学生在群体面前讲话会感到不舒服，尽管她能完全理解这个课题（如果设计的任务是用来评估理解能力，那就不该选择公开发言这种形式）。

◇使用不公平的项目、问题或任务，因为它们不能恰当地反映先前的学习和/或预期的目标成果。

◇使用过于狭窄的项目、问题或任务，因而无法对正在评估的目标所涉及的全部区间或类型进行抽样。

◇把课堂上练习过的项目、问题或任务纳入评估,而它真正测试的是记忆能力,并不是透彻的理解。

以下三种可行性方法可以用来检查效度的单元评估:

第一种: 使用双题型测试来考核评估的有效性。

◇学生是否以通过考试或完成任务的方式,达到表现性任务标准/规则,但无法令人信服地证明已经掌握了知识内容,提高了理解能力和/或技能水平?

◇学生是否考试成绩不佳或不能达到表现任务标准/规则,尚未达到掌握知识内容,提高理解能力和/或技能水平?

如果两个问题的答案是"是",那么你的一个或多个评估可能会产生无效的结果,并无法提供恰当的依据。

第二种: 进行"定位检查"。

它的原理是: 从 UbD 的阶段一中确定单元学习成果,包括标准、理解能力、知识和技能;自主确定你将要评估什么,以判断学生达到这些预期成果的程度;接下来,向同事展示你计划的单元评估,并让他们确定单元目标。如果他们确定的结果与你想要的只有一部分吻合,此项反馈就表明你的评估和你的目标之间没有紧密的一致性。

第三种: 给单元计划进行编码。例如,使用标准的数字(E/LA 3.4)或 S1、S2(技能1、技能2)。然后,将单元评估相应的编码结果与主要学习活动相匹配。

一旦认识到不是所有列出的目标都得到了恰当的评估时,你可以有三项选择:

◇放弃没有进行明确评估的所有单元目标。

◇增加适当的评估,与那些评估依据尚不明显的目标相匹配。

◇修改现有的评估,以确保它们为针对性目标提供恰当的依据。

相关解决方案见误区 1 和 4。

(参见 Wiggins & McTighe 2011,模块 7; Wiggins & McTighe, 2012,模块 13)

误区 11　评估缺乏信度

可靠性是评估结果是否科学的一项重要指标。当我们说证据是可靠的,就表明我们有足够大的样本或数据库来支持信度，用这个结果可以反映学生真正的成就，而不是一个局外人身份。低信度的结果往往包括证据太少而导致的判断错误。

以下是低信度评估的常见问题：

◇随着时间的推移，个体和/或整体在考试分数和评估结果之间产生很大的差异。

◇关键成果只通过一个考试项目或表现性任务来测量。

◇你能预感到，最近的评估结果并不能准确地反映学生的真实能力水平或学业成就。

请注意，信度与效度是截然不同的。在任何运动中，例如，游戏结果总是有效的，因为游戏有预期效果；但单一的结果是不可靠的，即使是羸弱的球队也可能赢，而一个占主导优势的球队有时也会输。唉，现实是，在学校教育中，我们常常从单一结果中过度抽取概括。我们常常会通过评估一次测验、试卷或表现性任务，就对一名学生的整体成就得出笼统的结论。

要实现高信度的结果，唯一的方法是通过不同的、多样的和有间隔的方式评估相同的关键目标或标准。在评估中出现的"冗余"是一件好事，尤其是关键的成果，如数学和科学实践、真实的表现等。

为了在评估中实现更高的信度，我们还建议：

◇为获得指向每个学生共同目标的进一步信息，在每一场考试、任务或项目中使用平行测验、写作提示或课后测验。

◇确保关键成果（例如，不同类型的写作、批判性思维、研究性学习）在单元以及跨单元中被多次评估，以收集更为可靠的依据。

◇推敲评估——同时使用几种不同类型的评估，以保证结果在不同情境和各种挑战中都保持真实可靠。

（参见 Wiggins & McTighe，2012，模块 13）

误区 12　表现性任务不真实

我们常常会面对这样的情况：有些单元会包括具有应用性但是并不真实的表现性任务，当然，并不是非得所有单元的表现性任务都必须要真实。当学生回应一个学术性提问（例如：这篇文章的主旨是什么？）或者证明一个离散的技能（例如：包括数学）都需要表现出来，但是这既不能反映现实生活的应用性，也不能反映其应用中的必要性。虽然如此，我们依然鼓励教师在主要单元里至少包含一种真实的表现性任务。

一个表现性任务如果反映了学校以外的人能够用学到的知识和技能来处理不同的生活状况，那么就可以视为考虑到了真实性，因为传统的专业知识正在受到新的考验和挑战。真实的任务通常包括一个目标（例如：解决问题、分析问题、进行一项调查、有目的的交流等），一个目标对象群和现实的约束条件（例如：进度表、预算等）。这些真实的任务会产生一些在更广阔社会里很重要的有形产品（例如：建议书、海报和3D模型）和一些表演（例如：演讲、戏剧和展览）。

如果表现性任务不自然的话是很容易被质疑的。通常，学生也会很快地反馈给教师。这里可以罗列一些迹象：

◇高年级的学生会说："这太傻了！""你在和我开玩笑吗？"
◇学生会询问："为什么要我们做这个？""做这个有什么用呢？"
◇当看着学生表现时，我们有时会想：他们是真的参与表现了吗？他们尽最大努力了吗？他们会为自己的成就感到骄傲吗？不真实的表现通常只显露出外在动机。
◇问自己："学校以外的人会做这个吗？会产生这样的结果吗？"
◇向同事展示这项任务，并让他们告诉你通过这项任务，他们认为应该教什么和评估到的学习效果。
◇再问自己："这项任务真的值得付出时间和努力吗？"

为表现性任务设立一个真实情景能从评估的角度（不止是动机角度）获得价值，因为它能使我们看见对知识的理解和迁移的证据。当学生能够把他们所学的知识经过深思熟虑并且灵活地运用到真实情景中，也就证明了真正的理解。真实的任务还有一个附加的好处就是：当目的、关联性和真实的情境都建立了之后，学生会从那些被要求学到的东西里获得价值。

给予增强表现性任务更真实的一个建议是，使用 G. R. A. S. P. S. 因素来构造框架：（G）一个现实世界的目标；（R）一个对于学生来说有意义的角色；（A）真实的（模拟的）观众；（S）一个包括现实世界应用性的情景；（P） 学生提供的产品和操作；（S） 成功操作的标准（条件）。

（参见 Wiggins & McTighe, 2012, 模块 13）

误区 13　表现性任务繁冗低效

表现性任务旨在促进学生实践所学；在学生实践过程中，教师可以评估学生对知识的理解程度和运用知识的熟练程度。好的表现性任务应该是真实的；也就是说，它们是建立在有意义的、现实生活的真实情景中，并且能够产生真实的有形产品（例如：图表、文章、视频）或者是表演（例如：演讲、辩论、戏剧）。表现性任务通常促进学生实践所学，而且有利于丰富其学习经历和有效评估其学习效果。表现性任务结果的开放性不仅能够赋予学生选择权，而且能够促进学生发挥创造性。

然而实际教学中，很多例子却并非如此。一些好心的教师制订了看似真实的任务，但事后却证明该任务很难实施或者不值得去实施。问题显而易见：准备产品和操作所需就已经耗费了大量时间，分散了学生对该任务最基本目标的关注。比如，本该重点排练扮演角色却把精力花在制作服装上，本该精心准备科学项目探究却花功夫琢磨如何美化海报，准备多媒体演示时又会陷入了技术故障的沼泽里无法自拔。一位教师朋友一句话道出了真谛：表现性任务的核心是在鱼而不在钓竿儿。

对于避免低效或冗繁任务，我们建议：

基于被评估的单元目标，明确任务与单元目标的核心联系，并以此作为主要评估标准。然而，很多情况下，评估标准/准则都集中于表面现象（例如：整齐度、创意、字数），而不是与标准和目标相关的突出特性。首先要明确目标与任务之间的突出特性，然后与学生一起审视评估标准和准则，最后才是学生开始动手实践。与学生一起共建和分享评估标准和准则，可以促进学生聚焦于这些突出特性而避免将时间浪费在一些华而不实的表面文章上。

采用双题型测试来检验评估的效度（见误区 10）

◇有没有学生通过了测试或者是用符合表现标准的方式来展示任务，却没有有效呈现出目标知识、没有理解目标知识或没有熟练运用技能？

◇有没有学生测试不理想或者表现不符合标准，但却掌握了目标知识、理解了目标知识或熟练运用了技能？

如果以上两个问题中，任何一个问题的答案是"是的"，那么评估都很可能会产生无效结果，也不能提供切实的证据。

亲自实践自己设计的表现性任务并提供一个或若干个样例结果。只有亲自实践或者邀请某个同事亲自帮忙实践并检测自己的评估标准或准则，才能发现任务中的潜在弊端和不足。只有这样，你才能很快发现任务说明是否清晰、评估准则是否与单元目标一致、任务是否值得学生花时间和工夫。

相关解决方案见误区10、11、12。

（参见 Wiggins & McTighe，2012，模块13）

误区14　表现性任务统一化

学生总是更喜欢真实的、需要动手的项目和表现任务，正如误区13中所述。但是，即便是这样的任务也同样有可能破坏评估的有效性。不像传统的那种靠个人短时间内独立完成的测验，表现性任务是需要在一定的时间内完成的。因此，学生或许有很多机会互相帮助，而教师也能够提供不同程度的指导和反馈。当任务包含了学生间在某个单一产品或表现上的协作，学习就进阶了。

在这种情况下，个体结果的有效性极容易遭到破坏：协作强度越大，我们就越难指导每个学生的理解程度和个人动手能力。一般而言，如果实际表现任务无法精确反映出每个学生的技能、知识和/或理解，那么这个任务对学生个体而言是失败的。

如果一项评估出现下列情形，则不能为个体提供有效的评估依据：

◇包含了明显的小组交流和团队项目，致使其成果只能反映集体成就而非个人成就。

◇需要学生和师生间的持续互动，所以缺乏关于每个学生个体独立和个人成就的依据。

要在复杂任务或项目中实现对每个学生的准确评估，有如下提示：

◇重新设计任务，使其包括至少每人一个的产品。

◇在每个复杂任务或项目的进程中，针对相同的内容，为每一位学生设置小测验或小任务，这些测验或任务可以同时平行施测。

◇如果协作是预期的成果，则应采用量规来评估团队合作的有效性，并将不同的量规用在不同的内容成果上。

◇如果学生在完成任务过程中得到了帮助，则应有描述学生自主性程度的量规。

（参见 Wiggins & McTighe，2011，模块 7；Wiggins & McTighe，2012，模块 10，13）

误区 15 评估标准或量规无效

含有开放度的表现性任务或项目的单元需要共同认同的评估标准或量规来判断学生的表现。某些情况下，任务中的标准或量规与其目标不相符，从而导致无效评估。问题是，当评估标准或量规仅仅专注于浅显的数字（如字数、干净程度、错误数）或者任意要求（例如：一篇文章写五段）时，其代价将是损失那些最契合标准的东西。这个问题可以用常见的"数手指"准则来解释：如果一份研究报告中引用了 4 个来源，则得 4 分，引用 3 个来源则得 3 分。这种情况下，其表现评估是基于来源的数量这种轻易即可衡量的指标，而不是质量、贡献度或者相关度。

重新制订评估策略并确保相应评估标准和量规合理的方法有不少。设计单元评估时，我们建议先从关注单元目标开始（即阶段一中的目标标准/成效），而不是任务或项目本身的特性。由于单元目标是贯穿整个任务的，因此可以鉴别关键质量、成功操作与理解程度之间的联系。比如说：在一个数学任务当中，我们可能会寻求"概念的有效应用、稳健的数学推理、精确的计算"，以及"详尽的求解过程"。这其中的目标描述是有效的，因此，必须稳健地达到这些要求。

一旦这些目标描述被确定下来，就可以通过描述不同的理解度、熟练度或操作范围，得出更为详细的量规了。例如，以下是评估学生对于论据质量的理解的量规：

1. 通常是合情合理的、精确的、有理有据的。所有的关键点都得到了合理的、彻底的和具有说服力的证据的支持，还有精细而稳健的推理。重要的替代观点通过最显著的反例得以提出，并公平、完善地加以解决。

2. 通常是合情合理的、精确的、有理有据的。可能在推理和/或论证方面有所瑕疵，但距离论点总体质量只有些微偏差。替代观点通过反例加以提出。

3. 逻辑上或论证上含有一些错误、瑕疵和/或差距。提出了论点，但是一些重要方面没有充分的或合理的支持。在推理上有一些差距，结论得不到完整的逻辑链条支持。替代观点虽然也通过反例加以提出，但对其的解决之道可能过于草率或无力。

4. 给出的推理和/或论证存在明显不足和无力。关键点仅仅被提出来，却没有完备论证，结论也不理想。几乎没有细致地考虑到其他观点，以至于所提出的看法相当于一种概念。

5. 无法打分。无一致性论点、论据或结论提出。

注意：在标准文本中，帮助你识别有效标准的一个简单法则是看动词和形容词（例如：彻底的解释、逻辑严密的推理、充分的证明），以及明显围绕这些标准构成的量规。

在单元中彻查标准和量规的第二个过程，将它们用于评估学生作品。教师个人或群体均可用这样一个程式：检查学生作品并将其"取样"到优秀、良好、不错、差这四类范畴中。梳理学生作品的具体方面时，写下将其归于某类的原因。例如，如果一份学生作品的某个点放在了"优秀"范畴里，则描述其优秀的特点，是什么特点让作品中的这一点与别的作品区分开来？是什么让这件作品脱颖而出？归还学生作品时你会给予什么样的评估反馈？不断地梳理这件作品，直到无法再找出可以添加到描述列表中去的其他东西。这就表明你已鉴别出优点，也就是最为突出的特点，并且揭示了关键评估标准。

相关解决方案见误区 10 和 11。

（参见 Wiggins & McTighe，2012，模块 10，13）

阶段三　落实学习计划的误区

误区 16　单元设计与目标不相符

许多单元列出了一个或多个理解和目标之间的核心问题。但是，围绕其设计的学习计划却不一定能等量齐观地进行分布。我们很容易忘记，问题是一定会产生并集中于不间断的探究之中的。我们还很容易陷入一种陷阱：仅仅靠"传授"理解，而不是帮助学生"获取"理解。其实，那些大概念往往体现在问题与理解之中，仅仅靠教师演示，而不是提供有价值的材料让学生去"理解意义"，那是无法领会到大概念的。

当出现下面情形，说明学习计划忽视了核心问题：

◇仅仅贴在了黑板上，教师偶尔会提到，但并没有什么活动或作业需要学生去用这些问题来进行探究、分析关联或作出反应。

◇无论在形成性评估还是在总结性评估中学生都会忽略它。

◇没有在提供的文本、已有的经验或温故知新的机会中重现。

◇问题数量过多，无法有目的地在整个单元中一一涉及。

当教师出现下列情形，则表明设计的学习计划未能将所需的理解目标转化为学生主动得出的关键推理行为：

◇张贴理解目标，或许还会不时地提及，但是并不能触发学生自主推断结论的行为。

◇把理解目标表现为唾手可得的事情，而不是具有挑战性的推断过程。

◇不给学生时间主动"赋予意义"——学生没有时间思考、形成和检验自己的推论或将知识点应用到新的情境中去。

◇给学生时间消化自己所学，但是他们的评估仅仅得到接受而不是分析和深入探究，以确保其合理且体现真正的理解。

为使核心问题成为发展和深化学生理解的关键策略，我们有以下几个建议：

◇将单元内容围绕几个与大概念相关联的核心问题展开设计。

◇将核心问题张贴在教室的显要位置，且定期将其用于不同文本的探讨、活动的实施或学习经验的丰富上。

◇要求学生不断提问和回答核心问题。

◇单元开始时，将核心问题作为预评估和先行组织者来使用，然后让学生层层深入地回答问题，将其纳入形成性评估来检验学生的理解程度。

◇采用问题跟踪和持续试探，提问："为什么？""告诉我你的想法。""有谁不同意这一点？""你的观点有什么依据吗？"

◇支持学生将自己的提问发展成为核心问题。

（参见 Wiggins & McTighe，2011，模块8；Wiggins & McTighe，2012，模块8，11）

误区17　单元设计缺乏预评估

单元设计中，学习计划（阶段三）仅仅按次序罗列了即将讲授的内容（有时候还直接引用教科书的章节或页码），或者仅仅概括了每节课主要将进行的学习活动。从教师将教什么或者学生将做什么入手，会错过高效学习中的一个重要组成部分——对原有知识的确定。对于这一点，研究结果已再明确不过了：新的学习严重受到学生已经拥有的知识的影响。正因如此，教师很有必要去了解，对于即将学习的主题，学生已经知道了什么或自认为已知道什么，以及他相信什么。这里，我们还有几个有效的预评估手段可以利用，用以发现学生的先验知识与先备技能，它包括：前测、技能核检、K-W-L教学引导策略 [KWL概括了学习的三个步骤：已经知道（Know），很想知道（Want to know），学到（Learned）] 以及可视化演示。

针对潜在误解的预评估尤有价值。研究和经验已经表明，对于某些学习内容，一些学生进入学校时已经形成了以误解形式存在的先验知识，并产生了先入为主的印象。例如，认为重的东西一定会比轻的东西下落速度快，或者相信但凡印刷书籍上的内容一定是正确的。教师及时发现这些被误解的思想并对其加以介入引导和纠正是极其重要的，否则学生会将新的知识建立在错误的基础之上。事实上，如果教师未能提前辨别出这些潜在的误解，那么它们将在看似良好的教学中顽固地存在下去。

新的单元刚刚开始的时候，通过一系列表述或案例让学生必须给出同意或不同意的回应，可以非常有效地核查出这些误解。用诸如判对错、拇指向上/下或者在线应答系统等方式来获取即时回应。其结果可提供非常宝贵的信息，让教师能够对深藏的误解加以纠正。

总的来说，我们强烈建议单元学习计划中加入恰当的预评估，包括检查有无潜在的误解。通过预评估收集到的信息可以让教师决定最佳的教学切入点在哪里，帮助教师确定在面对学生的知识和技能水平参差不齐时，需要进行什么样的区别对待。事实上，如果目标是使学习最大化，那么在学习新知识前，花一些时间进行预评估，从长期来看是能够事半功倍的，因为教师可以更好地因材施教，略过那些学生已经具备的知识和技能，集中攻坚那些学生尚不理解的部分。

相关解决方案见误区19。

（参见 Wiggins & McTighe，2012，模块14）

误区18　单元设计未能预估学习错误

教育学研究早已表明，原有知识在新知学习中举足轻重。近年来，越来越多的目光集中在这样一个认知上：学生往往带着可预测的、顽固的错误见解，并干扰着他们对新知识的理解。事实上，尽管不乏清晰且专注的教学，但学生依旧无法脱离那些误解。

误解在所有科目上都存在。比如下面几个：
◇等于号（=）就意味着"写出答案"。
◇作者写的内容，一定是作者的所思所想。
◇夏天更热，因为太阳距离地球更近。
◇从前的人所想的与我们所想的一样。

明智而富有经验的教师，能从形成性评估和设计的单元学习计划两个方面预测并解决这些误解。当某个单元学习计划表现出下列情形，则明显意味着它未能预测和查验出误解：

◇没有提供鉴别可预测误解的机会。

◇没有包含预评估以诊断出潜在误解。

◇没有包含持续的形成性评估以确定学生是否在克服误解。

◇包含在计划中的评估，但这种评估只在于测试离散的事实和技能。这样的评估无法衡量出学生是否在克服误解。

针对如何在单元计划中识别并解决可预测误解，有下列小贴士：

◇识别学生对该单元最可能出现的误解或"幼稚"观念。教学开始前，在不计分的预评估中找出这些问题。然后，在单元结束或通过课后检查确定学生是否已经加以克服了。

◇提出用不同语言组织起来的、更加切合实际的以及/或者有不同情境预设的后续问题，看看学生是否获得新的理解，而不仅仅是靠识记获得的答案。

◇上网搜索常见误解列表以及可用于查获这些误解的评估方法列表。

（参见 Wiggins & McTighe, 2012, 模块14）

误区 19 单元缺乏动态的形成性评估

形成性评估的目的是为了向教师和学生传递过程中的反馈信息，让师生思考这些评估结论是由什么原因导致的，需要进行什么样的调整。事实上，我们知道，反馈对于自我提升和获得成就而言是必不可少的——无论你是在学习骑自行车，还是挥一杆高尔夫，还是做一道新菜，还是写一篇文章。除了这些，我们还见过很多的单元学习计划，其中对形成性评估惜墨如金，甚至只字不提。

忽视形成性评估的原因是多方面的。有的教师认为自己没有足够的时间时不时进行评测，因为要教授的材料太多了；有的教师是因为他们从来就不知道在其教案准备当中有一项策略叫做形成性评估；还有少数教师认为自己的工作只是"快递"知识，而学生的任务就是"取快递"；还有的教师则坚信单次测验或总结性评估就已经足够了。总而言之，任何一个系列的课程和课程中的任何一个单元，但凡忽视形成性评估的，就会缺失了高效教学的一个关键维度。

要纠正这一点，我们鼓励教师多观察同事在实际表现性为主的科目上是怎么做的（例如：艺术课、体育课和技术课），以及观察课外活动（例如：体育运动、乐队、报社、辩论赛等）教练和发起人是怎么做的。没有任何一个体育教练会坐等到比赛之时才来观察自己队员表现如何，并在上场时才做出调整。事实上，教练的精髓便是给予每个运动员和整个队伍以持续的反馈，他们的工作就是在练习中锤炼运动员的技能和比赛策略。在练习过程中持续的评估和反馈是提高比赛成绩的必经之路，课堂中的教学也同样如此。

学习过程中的评估可以有多种方式，包括教师提问、观察、检验学生的学习进展。这些持续的评估可以提供即时反馈，让教师了解到学生哪些方面学起来很吃力，哪些方面很擅长，需要进行哪些动态调整。除此之外的方法还有手势、白板、学生应答系统、后测、思维导图、学习总结。这些不同的评估方法，有必要成为单元学习计划的一部分，并且常常加以使用。换句话说，应该抽时间进行评估，并善加利用评估结果，确保有时间做出必要调整。因为形成性评估的存在是为了告知而不是评估，所以教师不应该将形成性评估的结果计入到最终成绩当中去。

再次提醒，形成性评估的意义在于告知，通过向教师和学生提供过程反馈来进行传递。为提高效率，反馈应该及时、详细、易于理解。以下是一个直接的检测方法：在你提供给学生反馈的基础上，让学生详细地告诉你，他们哪些方面学有余力，哪些方面尚有不足。如果他们不能说出来，则说明反馈还不够明确详细，或者学生还不是十分理解。

相关解决方案见误区 10 和误区 16。

（参见 Wiggins & McTighe，2012，模块 14）

误区 20　单元计划未含必要的调整时间

由于大量的教学内容需要覆盖，教师常常将单元学习计划设计得满满当当，以至于几乎没有时间留给那些无法避免的阻碍和无法预料的中断。哪怕只有几个月教学经验的教师都会认识到，这种难以预计的中断（例如：防火演习、大雪停课）以及计划内的事件（例如：学生集会、实地考察旅行）情况都会打断宝贵的教学时间。此外，即便是再周全的课程计划和再完美的教学过程，也无法保证每个学生都能听懂和理解。但是由于没有任何既定的弹性时间，教师往往被压力驱赶着去赶进度，不愿意重复讲授那些尚未被学生完全吸收的知识。当教师头上顶着一份时间表更为紧凑的教学指导大纲时，这种情况就更加恶化了。

缺乏足够的弹性时间以便作出必要调整的表现有：

◇单元计划精打细算到每一天每一分钟。

◇尽管评估结果表明存在着顽固的误解或者关键的技能缺陷，仍然进入新的教学主题。

◇对学生表情和肢体语言的观察表明某些学生还没有理解。

◇没有采用任何形成性评估；或者评估结果并没有被充分考虑如何采取应对步骤。

◇没有巩固性教学，或学生没有机会再来一次。

研究和经验均表明，良好的反馈和善用反馈的机会是获得真正意义上的理解以及历久弥新的学习成效的最为高产的方法。因此，如果你希望获得更多学生更高水平的学习成效，尽量不要急于进入下一章节。

对于这个问题，我们的建议简单而直接：为每个单元留出计划外的时间，其唯一目的在于，利用形成性评估结果来落实必要的调整，从而促进学习。我们的一位教师朋友将此描述为课程内的"减速带"。

在单元计划中留出调整时间，意味着你已认识到高效教学的特性，并且尽力避免让追求覆盖面或者既定教学安排带来学习过程的风险。

（参见 Wiggins & McTighe，2012，模块15）

误区21　单元设计太单一刻板

我们都见过许多这样的单元学习计划：它们几乎是跟着教科书的顺序，一章一节地作出安排。等等，先想一想：这样的顺序能否引发有意义的学习参与，并导向深层的理解？在体育、艺术、工程、技术和商业课程当中，是不是也是这样的顺序？最有意思的阅读和电影也按照这样的顺序吗？不见得。在体育运动领域中，我们要在头几年先学习规则和基本技能，然后才能有参赛的机会；在艺术领域中，除非你马上要着手画一幅画，否则你不需要死记色谱，也不需要单独学习如何使用笔刷。在任何行业中，只要你深入观察就会发现，你会重复学习关键概念和表现要求——也就是所谓的"螺旋式课程"。

一份仅仅是照着知识顺序作出安排的单元学习计划，不论是教材中的章节还是标准列表，容易致使学习的合理进程产生混乱。教科书是按照知识逻辑顺序来编排的，与一本字典、或者一本电脑使用说明书的编排顺序并无二致。但是，你不可能将它们从头看到尾。你将在需要回答某个问题或解决某个问题的时候，或者对某个话题感兴趣的时候，去查阅其中的某一部分。

教学顺序和参与度之间的关联一目了然。一直以来，学生都会把采用动手操作方法学习时的科学、体育和技术视为自己喜爱的学科，为什么？因为学生沉浸于运用自己已经正确领会的知识与技能。教学最有效的方式是螺旋式重复，而非线性；只有经常重温重要概念、过程和核心问题，学生才能温故知新。

如果出现以下情形，则说明学习顺序有问题：

◇根据教科书上的主题排序。

◇线性——所有内容都是一次性过，按部就班，流于浅薄。

◇紧跟教科书亦步亦趋，像一本词典或使用说明书。

◇以两周时间为一个阶段安排学习次序，令学生十分费解。

如果你发现自己的单元计划和教学中有这些问题，我们建议你试试多种方式来决定顺序，让学生保持兴趣，帮助他们认识事物之间的联系，使他们在整个单元中保持高参与度。

重构学习顺序以促成更高的参与度和更深层次学习的建议如下：

◇单元以激发思考的问题、活动或已有经验的开始。

◇每次完成教学内容后回归核心问题多次，以实现单元内更高的连贯性和深度。

◇观看几部纪录片，留意纪录片是如何保持观众的兴趣度的，借鉴这些方法（提示：将你的单元学习计划当作一个故事来讲述，而不是覆盖所有的教学内容）。

◇像教练一样思考——不管是体育教练还是课外活动指导员。将典型的教练顺序应用到单元学习计划中。在教练场景下，几乎每一种练习方法中都混合了通过模仿和演习进行的技能学习，以及包含临场再现在内的即时应用。

（参见 Wiggins & McTighe，2011，模块 8；Wiggins & McTighe，2012，模块 15）

误区 22 单元设计无法促进学生迁移

我们鼓励教师在每个单元学习计划中纳入一个或多个实际表现任务，促使学生将所学知识迁移到实际情境中去。一般来说，这些任务出现或接近于单元末尾，其结果可作为学生理解和有效应用所学知识的评判依据。理想状态下，教师可以从任务要求开始，"反推"出逐日或逐课时的学习计划。

我们的经验是，这种理想情况很少发生。有的教师会在单元末尾加一个实际表现任务，但并不会因此真正改变其教学结构。换句话说，实际表现任务只是在单元末尾"锦上添花"而不做任何必要的贯通。我们还是与运动员作对比：想象一下，如果一位教练只让运动员不停地练习某个技能和回顾规则，却从不让他们在比赛前踏入赛场一步。那么，显然可以预见，比赛结果一定会是一团糟。不幸的是，我们在课堂中常常见到这种情况：教师一如既往地只专注于覆盖教学内容，而不是让学生准备好应对更复杂的实际表现情境。

以下现象说明学生对于单元实际表现目标的准备不够充分：

◇在需要知识迁移的任务面前，学生表现不佳。

◇学生对于如何去完成某个任务存有疑问，特别是"我们要干什么？""这是你想要我们做的吗？"

◇学生没有机会参与到完整的任务中。就好像，运动员参加真正的比赛之前从未参加过训练赛。

想一想运动教练和艺术教练是如何让学生充分做好准备，以完成需要知识迁移的实际表现任务的吧？这些教练并不仅仅教授和练习孤立的技能，更不指望这样的练习会自动将技能迁移到比赛或实际表现中去。相反，他们会调动运动员、艺术人员或学生进行训练赛和着装彩排，模拟正式表演，创设出真实的临场环境，让他们为未来的比赛做好充分准备。我们鼓励教师像教练那样去思考和行动。

（参见 Wiggins & McTighe, 2011, 模块 5, 8; Wiggins & McTighe, 2012, 模块 14）

误区 23 单元设计没有考虑学生多元差异

有的单元进行了标准化的学习计划设计，结果所有的学生都在同一时间以同种方式学习同样的内容。尽管这对于老师们来说是高效的，但对于各类有差异的学生，这种"一刀切"的学习计划显然是不够适切的。事实上，大多数班级中的学生间都有着巨大的差异，他们有不同的背景经历、不同的已有知识、不同的技能水平。有些学校里还存在着相当显著的文化和性别差异。即便是在那些"能力分组"出来的班级里，学生也有着不同的兴趣和学习方式。

为了应对这种差异，更好地服务于每一个学生，真正高效的教师会将其单元学习计划进行差异化设计。一般可以在三个方面进行差异化：（1）输入——内容如何展现和获得；（2）处理——不同的学习活动以及学生的不同学习方式；（3）产品——学生在完成作业并进行评估之后所形成的成果。

至于究竟差异化什么、如何差异化以及为谁差异化的问题，可以通过预评估和形成性评估所提供的信息来决定。因而，教师就更需要在其单元学习计划中建立这样的评估过程，并使用评估结果来量体裁衣，差异化制订自己的指导与评估。

虽然我们希望课程能有效对应各类不同的学生，但并非单元内所有的东西都要差异化。一般而言，我们认为，已形成共识的标准应该是所有学习者的目标（但制订过"特需计划"的学生除外）。我们还建议，对整个班级使用同样的核心问题。但是，由于学生间已有知识和技能水平的差异，某些差异化处理手段只有当预评估表现出技能差异或误解时才是必要的。

我们需要的评估办法，是从既定单元目标中衍生出来的，不应该因学生的差异而不同。但是，为适应学生的独特性，特定的评估可以是有所区别的，只要得到的依据具有可比性即可。比如说，一个非英语母语学生，可能无法通过关于某个科学概念的写作考试。但是，如果允许这个学生用视觉或者口头解释的方式，或许能够表达出自己对这个概念的理解。

我们建议将单元学习计划进行差异化，不意味着教师在课堂上流于表面的个别化教学，以满足每个个体独特的需求和喜好，因为这是没有止境的，且对大多数教师而言并不可行。相反，我们鼓励教师用可控的或能在最大范围的学生中实现最高成效的方式来打造单元学习计划。

对于准备具有迁移作用的实际表现任务，我们有以下建议：

◇选择或开发一个或多个需要学生应用（迁移）其所学知识的实际表现任务。

◇分析该任务的要求，教给学生前提知识、技能和策略。例如，学生需要知道什么？需要学会什么技能？他们需要理解什么才能表现良好？重要策略有哪些？

◇与学生一同预览实际表现任务全景，使他们了解这项完整的任务。告诉他们相关的评估准则或者展示示范动作，这样学生能够清楚教师的期望。

◇对学生的先验知识、技能及其对任务要求的理解进行预评估。

◇将教学建立在为了成功实际表现（展示）所需学习的知识、技能和理解的基础上展开，根据预评估结果确定哪些是必要的指导。

◇向学生展示一个或多个在实际表现任务进行中的错误，然后结合反馈指导学生改进与练习。

◇让学生模拟排演——类似于运动员的训练赛或乐队的着装彩排，之后再进入正式状态。

（参见 Wiggins & McTighe, 2012, 模块 14）

误区 24　单元设计未能提升学生自适应能力

教学的目的并不仅仅学习教师提供的内容，教学的目的是知识的主动迁移，对于学生而言，可以让他们在校内外独自地将所学知识运用到新的挑战中去。很多离开 K-12 教育的学生既没有能力去处理在世界上遇到的新奇且又纷繁的挑战，也没有能力将之前学过的知识运用到新挑战中。他们已经变得习惯被告知做什么以及怎么做，以至于他们没有处理真正的问题、质疑和挑战的经验。显而易见，解决问题的道路并不是按部就班的。仅仅靠在学校里几年的努力学习是不够的。

对学生日渐增长的自主性以及迁移缺乏计划的指标有：

◇尽管学生在经过反复练习的、充分指导的任务中完成得很好，但是在新型的、需要判断和知识迁移的任务上却表现不佳。

◇随着时间的流逝，尽管单元和课程的内容有更多的需求，学生还是很少或几乎没有增强自主性、选择性或者自主学习的能力。

◇学生运用判断力和自主性的机会少之又少；作业和测验仍然在单元和课程中起高度指导作用。

教育趋势显示，"教师的责任是从扶到放"。对于减少教师指导力和增加学生自主性的基本过程，通常有四个阶段："我来看；我做，你来协助我；你做，我来协助你；你来做，我来看。"这样做的好处在于学生学会了如何通过自主学习，既能够在标准化测验中获得好成绩，也可以去应对未来的挑战，而教师的主动帮助和对学生的管理就逐渐撤除了。

这里对培养和增加学生学习的自适应能力有两条建议：

◇从一年的最后一个单元开始制订一个"逆向学习计划"，这样就可能引导学生必须在处理课程核心的复杂任务中完全自我指导和自我达成。然后，当你制订贯穿一年的学习计划时要谨慎并且逐渐从扶到放，这样才能培养他们自我引导的必需技能。

◇随着每年的成长与进步轨迹，增加课程的数量及长度，使得学生可以逐渐独立完成学习任务。

另外，让学生使用一种描述标准来呈现完成一个任务过程中教师提供了多少帮助（例如：独立完成，不需要老师帮助；完成时老师帮助了一点；完成时老师帮助了很多；完成的每一步都需要老师全程指导）将这种简便的描述标准同样运用到其他的评估量规中，并且提醒学生在这一年的课程学习中，他们的目标是在复杂任务中增强自主性和自我指导。

（参见 Wiggins & McTighe，2011，模块 5，8；Wiggins & McTighe，2012，模块 14）

误区 25 单元设计背离目标或评估

有效的单元设计的主要特征之一是连贯性、一致性，也就是说每个组成部分都完全匹配。更具体地说，评估需要提供有力的证据以确定单元目标并且将一系列的学习进程进行排序，以此帮助学习者实现预期的结果。此外，单元目标和结构设计应对学习者来说是公开明确的。学生应该知道学习目标是什么、为什么学习目标那么重要、他们的学习将会如何被评估和他们将会遵循的教与学的路径。

在单元内评核一致性和连贯性是很简单的。下面是一些单元设计不连贯和不一致的情况：

◇回放学习事件，揭示了其与确定目标或评估的不匹配。

◇同事对单元学习计划进行复审，他们表示不能推断出单元目标。

◇同事对评估进行复审，他们表示不能推断出单元目标。

◇学生的评估表明他们不能联系生活实际或解释过去或面对未来。

◇学生会提这样的问题："我们为什么做这个？我们做完了么？"

解决单元内部匹配性和一致性问题的方法也是非常明确的。不妨试试如下方法：

◇逆向计划。先问问自己："如果这就是我想要让学生知道的、理解的，并能够自己去做的，那么我需要什么依据才能确定学生是否可以获取这些成效？"然后再问自己："如果需要学生自己来证明学习成果，那么他们需要什么样的学习经验、什么样的教学指导？"

◇给你的单元目标进行编码。例如，S1是一个技能；S2是另一个技能；U1是理解能力。然后，当确定评估依据时，使用相同的代码。一致性意味着每个目标都被恰当地评估。如果你发现缺乏一致性，那么你将需要添加或消除一个或多个在评估中没有收集到证据的目标。

◇在每个单元学习的计划中，将你的学习目标和编码都使用相同的代码，以保证这些目标的连贯性和相关评估的一致性，以便做出必要的调整。

◇要求学生向你定期反馈。在这个单元里，他们了解自己的学习目标和优先级标准吗？他们能解释自己需要做什么来展示他们的学习成果吗？他们意识到学习活动的流程了吗？

◇下次再教这一单元前先问问你学生的建议和改进方法。他们的反馈是宝贵的，能帮助你更好地调整和完善单元学习计划。

（参见 Wiggins & McTighe, 2011, 模块 11; Wiggins & McTighe, 2012, 模块 15, 16）

参考文献

[1] Wiggins, G., & McTighe, J. (2011). *The Understanding by Design: Guide to Creating High-Quality Units*. Alexandria, VA: ASCD.

[2] Wiggins, G., & McTighe, J. (2012). *The Understanding by Design: Guide to Advanced Concepts in Creating and Reviewing Units*. Alexandria, VA: ASCD.

理解为先模式主要图书和重要网站资料信息

主要图书

[1] Grant Wiggins & Jay McTighe (2011). *The Understanding by Design Guide to Creating High-Quality Units*，ASCD；Jay McTighe & Grant Wiggins. (2015) *Solving 25 Problems in Unit Design：How do I refine my units to enhance student learning？* ASCD.（《理解为先模式——单元教学设计指南（一）》，盛群力、沈祖芸、柳丰、吴新静、郑丹丹译，福建教育出版社，2017）

[2] Grant Wiggins and Jay McTighe (2012). *The Understanding by Design Guide to Advanced Concepts in Creating and Reviewing Units*，ASCD.（《理解为先模式——单元教学设计指南（二）》，沈祖芸、张强、陈金慧译，盛群力校，福建教育出版社，2018）

[3] Jay McTighe & Grant Wiggins（2013）. *Essential Questions*：*Opening Doors to Student Understanding*，ASCD.（《让教师学会提问》，俎媛媛译，中国轻工出版社，2015）

[4] Grant Wiggins and Jay McTighe（2005）. *Understanding by Design*，*2nd Edition*，ASCD.（《追求理解的教学设计》，闫寒冰等译，华东师范大学出版社，2017）

[5] Jay McTighe and Grant Wiggins（2004）. *The Understanding by Design Professional Development Workbook*.（《理解为先单元设计各科实例》，盛群力、王陈烁等译，宁波出版社，2017）

[6] Grant Wiggins & Jay McTighe (2007). *Schooling by Design：Mission, Action, and Achievement*. ASCD.

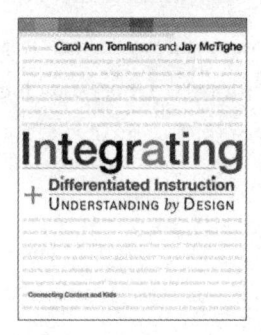

[7] Carol Ann Tomlinson and Jay McTighe (2006). *Integrating Differentiated Instruction and Understanding by Design：Connecting Content and Kids*. ASCD.

[8] John L. Brown (2004). *Making the Most of Understanding by Design*, ASCD.

对 UbD 英文原版有兴趣的读者可以在 http：//b-ok.org 和淘宝网上检索、下载或者购买。

相关网站部分资料

Jay McTighe. UbD in a Nutshell. http://jaymctighe.com/wordpress/wp-content/uploads/2011/04/UbD-in-a-Nutshell.pdf

Jay McTighe. UbD Unit Template 2.0. https://www.google.com.hk/webhp?Client = aff-cs-360se-channel&channel = bookmark&gws_rd = ssl # channel = bookmark&q=ubd& *

Grant Wiggins. Overview of UbD & the Design Template(2005). http://www.grantwiggins.org/documents/UbDQuikvue1005.pdf

ASCD. WHAT IS UbD™ FRAMEWORK?. http://www.ascd.org/ASCD/pdf/siteASCD/publications/UbD_WhitePaper0312.pdf

21st Century Teaching & Learning (MakerSpace & More): Understanding by Design Toolkit. http://libguides.cng.edu/c.php?g=474415&p=3246213

作者简介

格兰特·威金斯(Grant Wiggins，1950—2015) 曾担任新泽西真实综合教育的总裁。他是安纳波利斯圣约翰学院的学士，哈佛大学的教育学博士。格兰特和他的同事就学校、地区、州和国家教育部门的改革事宜进行磋商。他还和他的同事组织研讨会，为关键的教育改革事宜开发印刷版和网络资源。

格兰特或许是作为杰伊·麦克泰《通过设计促进理解》（这个屡获殊荣和高度成功的项目以及一系列用于世界各地的单元设计材料）和《通过设计改革学校教育》的共同作者而被大家所熟知。他也是培生出版公司十几种 UbD 理论改编教材计划的共同作者。他的项目曾得到皮尤慈善信托基金、杰拉尔丁 R. 道奇基金会以及美国国家科学基金会的支持。

25 年来，格兰特提出了遍布世界各地的有影响力的改革措施，其中包括 Ted Sizer 的要素学校联盟，国际文凭课程，进阶先修课程以及新泽西、纽约、特拉华州的教育改革举措和中国、泰国国家教育改革措施等。

格兰特在评估改革中的工作为人们所熟知。他也是《教育性评估》和《评估学生表现》的作者，两本书均由乔希巴斯出版社出版。他在许多国家评估改革举措中担任首席顾问，如在佛蒙特州的投资组合项目和新泽西州和北卡罗来纳州的绩效考核项目。

包括《教育领导》《卡潘》在内的多家杂志刊登了格兰特的文章。他的工作生涯包括了 14 年中学教学与辅导。格兰特教授开设过英语和哲学选修课并且还担任大学足球队、越野队、初中棒球和田径队的教练。他还是摇滚乐队 Hazbins 的成员。

杰伊·麦克泰(Jay McTighe)在其丰富多样的教育职业生涯中带来了大量的宝贵经验。他曾担任马里兰州评估协会的主任，这是一个学区共同开发共享绩效评估的州立组织。在此之前，杰伊在马里兰州教育局参与学校改善项目，在那里，他执导开发了教学多媒体数据库。杰伊以其在思维技能方面的成就，为提高学生思维品质而致力于开发全州范围内的教学策略与评估程序而闻名。除了他在州一级的工作外，杰伊还在乔治王子的家乡——马里兰担任过任课教师、资源专家以及项目协调员。他还在一个州级浓缩铀计划中指导过一些极具天赋的学生。

杰伊是一名多才多艺的作家，合作编著了10本书，其中就包括同格兰特·威金斯共同编写的销量最高的《通过设计促进理解》系列。他还写了30多篇文章和书籍章节，并在诸如美国视导和课程协会（ASCD）和全国人事发展议事会(National Staff Development Council)等的核心杂志中发表。

杰伊在职业发展中有着深厚的理论背景，他是国家、州和地区的会议及研讨会的常态发言人。迄今为止，其演讲足迹遍布美国47个州、加拿大的7个省以及五大洲中的18个国家。

杰伊在威廉和玛丽学院获得学士学位，又从马里兰大学获得硕士学位，而后又在约翰·霍普金斯大学完成了博士学位的课程。他通过华盛顿教育领导机构被选中参与教育政策合作项目，并成为国家评估论坛（一个倡导在国家、州和地区的评估政策和实践进行改革的教育和民权组织的联盟）的成员。

联系方式：Jay McTighe, 6581 River Run, Columbia, MD 21044-6066 USA.
电子邮件：mctighe@aol.com

译 后 记

UbD 模式的协同开创者，威金斯和麦克泰曾经联名写过一篇论文，刊登在 2008 年第 8 期美国《教育领导》杂志上，题目就是"理解为先"（*Put Understanding First*）。确实，假如要用一句话或者词语来概括，那就是"理解为先"。因此，我们用"理解为先"作为本书中文版的书名，或许是比较贴切的。可以这样说，UbD 是一个当代教学设计的标志性模式，也是经过市场检验，受到广泛欢迎的适合教师使用的最佳教学设计模式之一。美国视导与课程协会（ASCD）花费了很多力气来推动 UbD 的应用，至少出版了 10 本书大力宣传和推进 UbD 的思想与研究。

UbD 究竟有些什么样的妙招，能够受到如此广泛的关注呢？我们认为：UbD 的先进性和实用性主要体现在以下几个方面。

1. UbD 遵循了教学设计所倡导的"逆向设计"原理，提出了"明确预期学习结果""确定恰当评估办法"和"规划相关教学过程"三阶段教学设计步骤，明确了"掌握知能""理解意义"和"实现迁移"三种教学目标互相印证，不要偏废。这三种教学目标同时也经历着"求学懂知能，知能促理解，理解达迁移"这样一种循环。当然，这三种目标本身是一种层级，环环相扣，拾级而上。要注意的是，不是不要知能，而是我们原来将教学的眼光都盯在了知能上，不重视理解意义，更没有实现迁移。

2. UbD 的另一个重要贡献提出了理解的六个维度。如果要将"理解为先"作为 UbD 理论的核心，那么，对究竟什么是理解做一番探究则是题中之意。UbD 理论确实在理解的六个维度进行了解答，将理解分为解释、释义、应用、洞察、移情与自知，这不仅大大拓展了布卢姆教育目标分类修订版中的理解维度，同时也带有高层次认知目标甚至情感目标和元认知目标。

3. UbD 的贡献还在于在备课计划表的设计上非常直观形象，同时又合理到位，在编写教学目标、落实评估方案和安排学习计划方面十分细致。尤其是在教学内容选择的三个层次，学业表现的方式和通过基本问题和核心任务来落实教学目标方面都是首屈一指的。

我们从 2003 年开始逐渐接触到 UbD 理论，在 2005 年出版的《教学设计》教材中，我们阐述了当代教学设计十大模式，UbD 就是其中一种模式。这之后，我们一直关注 UbD 研究的进展，通过撰写书的章节、论文和译文来追踪这些进展。现在，我们终于完成了《理解为先模式——单元教学设计指南（一）》一书的翻译工作，可以为各级各类学校的教师、教学研究部门的教研员、校长、教学管理部门和督导部门以及各类培训行业开展提高教学质量提供便利。我们相信，这些就是教师所需要的。这是一个好的理论、一个好的模式，深耕多年，深度加工，通俗表达，好用管用。

在本书中，我们专门收录了两位作者合作的另一本小册子，用以回答教师在运用 UbD 模式开展单元设计中会遇到的一些困惑。这本小册子看起来很简单，但却是作者在无数的实践碰撞中概括凝聚起来的，我们相信读者一定不会予以忽略的。

本书翻译分工是：吴新静翻译了模块 1，2，3，4，5；柳丰翻译了模块 6，7，8，结束语等；郑丹丹曾经参与过本书主体章节的译写工作；沈祖芸翻译了——《走出单元设计的 25 个误区》；盛群力负责全书翻译策划和校对。我们同时要感谢浙江海洋大学何眸，她在十年前就对 UbD 模式做过专门的引进与梳理，对理解的六个维度做过一定的改造，同时参加过 UbD 相关论文的翻译工作，发表过多篇相关论文。

当然，只是依靠本书来了解 UbD 全貌，显然还是不够的。好在读者可以从 UbD 已经或者即将出版的相关图书中"拼图"成功，这样一定会如虎添翼。正是基于这样的考虑，为了便于读者更全面了解 UbD 的理论，我们整理了 UbD 十本图书和若干重要的网站资料，供读者选用。就在提交本书之时，我们读到了由闫寒冰教授主持翻译的《追求理解的教学设计》一书，这就是威金斯和麦克泰合作的反映 UbD 理论的书。我们特别倡导读者将 UbD 五本中译本结合起来阅读，以期对这一教学设计模式有较为透彻的理解与掌握。

衷心感谢福建教育出版社将本书列为"当代前沿教学设计译丛"第二辑第 1 本推出；衷心感谢成知辛、周敏、姜丹、丁毅等在本书出版过程中给予的具体帮助。我们衷心希望本书能够受到广大教师、教研员、校长、培训从业人员、师范院校学生等读者的关注，对提升教学质量和帮助教师专业发展有一定帮助。欢迎读者对本书翻译中出现的错漏予以批评指正。

2017 年 5 月 5 日于浙江大学